养育男孩的启蒙之书和培养指南

成就内心强大的男孩

郝忠深■编著

中国妇女出版社

图书在版编目（CIP）数据
成就内心强大的男孩 / 郝忠深编著 . —北京：
中国妇女出版社，2017.1
ISBN 978-7-5127-1386-4

Ⅰ . ①成… Ⅱ . ①郝… Ⅲ . ①家庭教育 Ⅳ . ① G78

中国版本图书馆 CIP 数据核字（2016）第 302687 号

成就内心强大的男孩

作　　者：郝忠深　编著
责任编辑：魏　可
封面设计：秦墨函
责任印制：王卫东
出版发行：中国妇女出版社
地　　址：北京市东城区史家胡同甲24号　　邮政编码：100010
电　　话：（010）65133160（发行部）　65133161（邮购）
网　　址：www.womenbooks.com.cn
经　　销：各地新华书店
印　　刷：三河市天润建兴印务有限公司
开　　本：170 × 240　1/16
印　　张：20
字　　数：246千字
版　　次：2017年1月第1版
印　　次：2017年1月第1次
书　　号：ISBN 978-7-5127-1386-4
定　　价　36.00元

前言

PREFACE

父母都希望自己的孩子是最优秀、最聪明的，都希望孩子能拥有一个美好的未来。然而，有的孩子却并未像父母所期望的那样成长，总是会出现这样或那样的问题。对于男孩子来说，最明显的表现就是不够坚强，稍微遇到点儿挫折便会退缩，受到点儿打击后就萎靡不振……这一切的一切都会给孩子的成长以及未来带来严重的影响。像这样的男孩子长大之后，是很难适应千变万化、竞争残酷的现实社会的，就更不要说能取得骄人的成绩。

我们要想让自己的孩子变得更为优秀，让他们拥有一个美好的未来，最为重要的是让孩子的内心变得强大起来，让他们变得坚强、独立，并且拥有敢于面对困难与挫折的勇气。唯有如此，他们才能应付生活中所面临的困难与阻碍，并经受住生活中的各种考验，进而成就自我不凡的人生。没有谁的人生会一帆风顺，总是会充满许许多多的意外，倘若没有足够强大的内心，又怎么能勇敢地面对呢？

那么，就从现在起让你的孩子内心变得强大起来吧！提升孩子的素质，磨砺孩子的心志，使孩子在对人生有一定了解的同时，逐步让内心变得强大起来，成为一个真正自立、自强和勇敢的小男子汉。

目录
CONTENTS

第 1 章
成就内心强大的男孩从家庭开始

家庭是孩子成长的土壤，父母以及家庭环境时刻对孩子的成长发挥着潜移默化的影响作用。现实生活中，不少男孩缺乏应有的阳刚之气，不够坚强，多多少少跟所受的家庭教育有关。作为父母，如果你想让自己的孩子尤其是男孩子变成小男子汉，就必须注重家庭教育，给男孩一片肥沃的成长土壤，才会使他们的内心逐渐变得强大。

第 2 章
用爱在男孩内心播下强大的种子

内心的强大不等于蛮横不讲道理，更不是莽撞无所顾忌，而是在于有一颗感恩之心，懂得爱并且去爱自己的父母和身边的人。爱才是世界上最强大的力量，心中充满了爱的男孩才是内心真正强大的男孩。用爱在男孩的内心播散下强大的种子吧！没有谁喜欢外强中干、经不住任何挫折与打击的“小霸王”。

第 3 章
男孩强大在于不断学习积累

你要让男孩变得自信、坚强，就应该赋予他们相应的能力，而要想达到这一目的就要想办法引导他们不断地学习，为他们的将来积蓄能量，才能够让他们有信心、有勇气面对来自生活的各种变故。

第 4 章
内心强大的男孩需要智慧作为底蕴

男孩的内心强大不是不懂变通的坚持，也不是明知失败而不放弃的固执，而是在于他们拥有着厚实的智慧底蕴，能够灵活地运用自我的智慧，轻松地化解所面临的各种难题。他们的强大不仅仅在于内心，更在于他们拥有着强大的大脑。

第 5 章
真正懂得生活的男孩才会内心强大

如果让一个不懂得生活，不知道生活是什么样的人去面对生活，那么他必然手足无措不知道该怎么面对。因此，要想成就内心强大的男孩，父母就不要为孩子的生活安排太多，而是应该让他们自己在生活中去体会、去成长。唯有如此，他们才会真正地体会到生活中的酸甜苦辣，内心才会一步步变得强大。

第 6 章
经历过磨砺，男孩子才会越变越强

放开双手，让孩子自己去体会人生，体验生存的苦难与艰辛。因为有了深刻的体验他们才会珍惜生命，同样也会因为经历过而学会怎样才能让自己坚强。

第 7 章
不要让金钱腐蚀男孩的心灵

人生中充满各种各样的诱惑，而最大的诱惑来自于金钱。但是父母要让孩子明白一点："钱不是万能的。"更要从小想办法培养孩子正确的金钱观，教会孩子相应的理财知识。否则，就有可能让金钱腐蚀孩子幼小的心灵，让他们成为金钱与物质的俘虏，被金钱奴役。

第 8 章
无法融入人群的男孩是温室的花

不要担心孩子在与人接触的时候会受到伤害；更不要害怕孩子在跟人交往的时候会受到不公平的待遇与打击。你要想让自己家中的男孩真正成长为男子汉，就应该积极鼓励他们走出去跟更多的人交往。因为没有谁能够完全脱离人群而生存，更为重要的是，他们也只有在不断地跟人接触后，才能不断地成长，内心变得更为坚强。

第 9 章
强大的内心需要强健的体魄

“健全的心灵寓于健康的身体。”这句格言可追溯到罗马时代，而且历久弥新，到今天仍然适用。健康是可以经营的，而主宰者就是自己。拥有健康不代表拥有一切，但失去健康就会失去一切。在强大孩子内心世界的时候，关注孩子的健康，让孩子的体魄跟着强壮起来吧！否则，男孩内心也会因为身体的羸弱而柔弱。

第1章 成就内心强大的男孩从家庭开始

家庭是孩子成长的土壤，父母以及家庭环境时刻对孩子的成长发挥着潜移默化的影响作用。现实生活中，不少男孩缺乏应有的阳刚之气，不够坚强，多多少少跟所受的家庭教育有关。作为父母，如果你想让自己的孩子尤其是男孩子变成小男子汉，就必须注重家庭教育，给男孩一片肥沃的成长土壤，才会使他们的内心逐渐变得强大。

良好的品德是孩子内心强大的根

人无德不立，父母要想让自己的孩子变成小男子汉，坚强起来，首先要做的便是注重孩子品德方面的培养。如何培养孩子优良的品德呢？毫无疑问要注重家庭教育，从家庭教育开始做起。家庭是孩子成长的土壤，父母、家庭环境对于孩子的道德品质形成有着无法估量的意义。物质条件和环境气氛在孩子的成长过程中起到至关重要的作用，会潜移默化地影响孩子，直接关系到孩子是否能够健康成长，以及如何去看待、面对生活中的人和事。

那么，作为父母应该怎么做，才能让自己家中的小男子汉具有优良的品德，内心逐步变得强大呢？这就要求父母在日常生活中注意生活的小细节，善于发现孩子的优点，并且积极加以引导。

某省文科高考状元林某的母亲说，孩子的学习时间可早可晚，素质教育却要抓住时机。“成绩不好不要紧，我们家庭教育的重点是培养孩子的道德品行。”

的确如此，一个孩子道德品行和能力的培养应当趁早抓。林某的童年是在尽情享受稚趣中度过的，他的父母从不刻意教他背诗、识字、写书法、算数，也不让他耍小聪明，去讨别人的欢心。他们比较注意对孩子的行为习惯、道德品质、性格修养等方面的教育，也确实花费了一些心血。

其实生活中有很多细节可以培养孩子优良的品德，塑造孩子良好的个性，关键是父母要做个有心人，去发现它，利用它。“人之初，性本善。”父母应该注意去发现孩子自身的优秀品质，保护和发扬它，让这些成为孩子的一种行为习惯，进而形成好的道德品质。

道德品质在家庭教育中有重要的作用，是孩子成长的基石。抓好道德教育，就要从道德形成的起步点开始，从一开始就在孩子的大脑中留下非常牢固的、良好的、深刻的痕迹。起始性教育主要体现在家庭教育上。孩子出生后，第一次喜、怒、哀、乐，第一次学说话，第一次学走路，懂得第一个道理等都发生在家里。不论父母是有意识还是无意识地进行教育，孩子都在父母身边接受最初的起步教育。起始道德教育对孩子将产生终身的影响。

一般认为，家庭道德教育的最佳开始时间是 2~7 岁，这时是孩子品德、个性形成的重要时期。在此阶段，孩子的大脑神经活动具有高度的可塑性，容易接受外界的各种刺激，形成暂时性的神经联系。这时形成的一切都非常牢固，并将作为孩子的“第二天性”。实践证明，对一种不良个性及品德的改造，往往比培养一种优良的品德困难得多。所以父母对孩子的品德培养既要抓早，又要抓严，讲究方法，才能取得良好的效果。承认品德的可塑性，关键在于教育。父母要启发孩子认识自己，树立模仿的榜样，加强集体观念，养成文明礼貌。

培养孩子的品德主要有以下几个方面：诚信、善良、孝心和爱心。而对孩子进行这些方面的教育不应该是抽象的，而应该体现在日常生活和学习之中，通过具体的人和事，让他们懂得这么做的道理。父母要重视对孩子进行文明礼貌行为的培养，教育孩子关心集体，为集体做好事，参加力所能及的班集体活动。同时，要培养孩子从事能力范围内的自我服务性劳动，增强自我管理的能力。诚实善良是美好心灵的基础，善良是美好心灵的核心，孝心是对父母的责任，爱心是对需要帮助的人的奉献精神。要对孩子进行爱的教育，让孩子把对父母的爱、对家庭的爱扩大到爱同伴、爱集体、爱社会。让孩子从小体会到为别人做好事所带来的快乐。

根据孩子自身的心理特点，在家庭中开展品德教育时应注意以下几点：

首先，寓教育于游戏、故事之中。孩子心理上具有容易接受暗示和具体形象的特性，既好奇又爱模仿。他们对道德行为的认识，是从肤浅的表面现象开始，逐步过渡到比较深入的对本质的理解，并且常以成人的认可为标准。因此，通过讲故事、看电影、做游戏等方式来进行品德教育是最为有效的，但要注意形象性、榜样性和针对性，以身作则，做孩子的表率。父母的言行对孩子的成长、对孩子选择人生道路起着关键性的作用。有很多父母很重视自身的品德和文化修养，因此，子女可以从父母的模范行为中受到潜移默化的影响，吸取有益的营养。

其次，创造良好的教育气氛。孩子主要的生活环境是家庭，家里环境和气氛的好坏对孩子道德品质、性格、兴趣爱好的形成，起着潜移默化的作用。为了陶冶孩子的良好情操，让他逐步形成良好的品德，家庭要形成尊老爱幼、民主活泼、勤奋好学和勤俭朴素的好风气。

总之，家庭教育在孩子品德形成的进程中是第一位的，父母应该从对社会负责、对民族负责、对历史负责的高度，重视并加强对孩子品德的培养。

要让孩子变强大，家长就要跟孩子一起成长

爱默生曾说过："被了解是件奢侈品。"孩子需要被了解，并且是朋友般的了解。父母只有把孩子当作自己的朋友，才会为他们所接受。只有朋友，才会彼此之间充满信任感地进行沟通。

了解孩子的世界，即使它跟你所想象的相距十万八千里。用孩子的眼光看问题，可以帮助你了解孩子，让孩子更信任你，更主动配合你。这样，在遇到问题时，你们就有共同的立场。

当孩子感到父母了解他的世界，他就会更加信任父母，并愿意照父母的要求去做。因此，不管你有多忙，都要花些时间去了解孩子的世界。如果你要提出一个要求或批评，要先考虑哪些是你该坚持的，哪些不是。

当然，如果别的孩子都在做你反对的事，你就要考虑你的立场了。要好好地审视孩子所面临的事，想办法增加他"配合"的可能性，从而使他能听从并尊重你订下的规矩。

孩子不喜欢与别人不同的感觉，尤其是在青春期，这种情形表现得特别强烈。身为父母，你要表达你对这种需求的理解，否则，你就无法和孩子建立起彼此之间的信任感。

孩子总是不断地想离开父母，但同时又很矛盾。他们想要长大，但又想维持幼时的样子。他们想要出去独自拼搏一番，却又想继续得到家的庇护。这时，无法了解孩子内心世界的父母，就会被淘汰。孩子会认为："父母就是不懂。"这会让孩子对父母更加不信任。如此一来，孩子会失去父母的保护，同时也得不到父母的指导和支持。

与此同时，父母也会毁了已有的信赖关系。想让孩子信任你，你就要说话算话，能够开诚布公地沟通是相当重要的。需要让孩子感受到他可以要求做某些事，若可以的话，你会允许他的要求。这对他而言是很必要的，只有这样他才会避免"不被允许的事"。也需要让孩子明白你能跟他分享感受，而你的期望也不会超出他的能力和年龄。

为了让孩子接受你的指示和引导，并愿和你分担他成长中所面临的难题，你要尽量实际客观地分析发生在他身边的事。当然，如果有同学考试时偷看他的试卷，他就该报告老师。但这么做会不会影响他的社交关系呢？你只给他吃有机健康饼干，而让他拒绝朋友家招待的巧克力蛋糕，公平吗？你可能认为水蓝色法兰绒衬衫很好看，但若是所有的孩子都穿花格子呢衬衫，你会让他继续穿你挑的衬衫，否则就没点心吃吗？

其实，所有的孩子都希望与父母同乐。只要双方有共同的兴趣爱好，亲子关系就会变得更加融洽。同乐还可以缩短家人之间的距离，不仅达到娱乐的目的，也会使家庭气氛和谐。

在过去的大家庭时代，欢乐是全家共同创造的，这种习惯一直延续许多年。收音机和电视、网络的出现，才渐渐取代了古老的娱乐方式。过去，一家人吃过晚饭便在院子里乘凉，长辈开始给大家讲古老的故事。除夕夜，全家欢聚一堂，晚辈向长辈拜年，长辈给晚辈压岁钱，全家其乐融融。而今天的情况就不同了，孩子有自己的乐趣，亲子关系慢慢变得淡薄。这一方面当然是有文化及社会变迁的缘故，另一方面也是由于父母和孩子相处时缺乏民主态度。为人父母者总是只注意在各方面要给孩子最好的，但是却忘记要与孩子沟通。

造成亲子之间隔阂还有一个原因，就是孩子和父母缺乏共同的兴趣爱好，从而造成小孩子不愿进入成人的世界，大人也无法走进小孩世界的局面。现在，大多数家庭里的孩子都不喜欢和父母一起玩。如果家里常常争吵，家人便不可能其乐融融。然而父母和子女如果能玩在一起，便能减少彼此间的敌意而产生和谐的气氛。

父母总是能够轻易地逗婴儿开心，但是随着孩子渐渐长大，父母似乎就失去了这种和孩子一起娱乐的能力。然而孩子却还是很渴望和父母一起玩耍。通过娱乐活动，父母与子女可以增进了解，同时可使亲子关系更融洽。家人一起玩游戏不仅可以使关系亲密，也可以避免尖锐的竞争。孩子可以从游戏中体会出输赢并不是绝对必要的，游戏主要的目的是为了娱乐。这种观念并不容易传达，因为很多孩子不论做什么事，都习惯当赢家。父母可以将游戏时间列为家庭固定作息的一部分。当然这个时间不是固定不变的，我们应该考虑其他家人的时间安排，邀请他们共同参与孩子的游戏。

乐乐8岁，是个非常狂热的足球迷。只要家附近有足球赛，他就一定会去。爸爸和妈妈再三嘱咐："一定要得到他们同意，才能出去看。"

有一天，乐乐很晚都没有回家。爸爸妈妈十分焦急，正准备打电话报警时，乐乐回到了家，一副满不在乎的样子。爸爸气急了，要揍他，乐乐才央求说："爸，等等，先让我跟你解释一下。"他说他跟一群球迷到离家大约10里的球场去看球赛了。"爸，你从来没有带我去看过球赛，我拜托你已不下100次了，但是你每次都说你很忙，或还有别的事要做。"乐乐委屈地说。

这时爸爸才恍然大悟，儿子多么希望自己能够和他共享这种爱好！爸爸终于了解到儿子的心，现在全家经常一起去看球赛，时常在一起讨论，偶尔父子俩还一起踢球。

所有的孩子都喜欢有人陪他玩，父母不应该永远只当观众，也要参与游戏！孩子尤其喜欢父母扮演故事中小孩子的角色，而自己则扮演大人的角色。除了游戏之外，父母还可以安排一起野外踏青的活动，并且对整个活动的过程进行分工，尽量让每个人都参与，如收集旅游资料、准备用品等。另外全家还可以一起动手做风筝，一起享受风筝飞起来那一刹那的喜悦，或者一起学唱歌、画画。

如果父母能用心体会，不难发现孩子对所有的事物都充满好奇，兴致勃勃，而且非常富有想象力。

用耐心呵护孩子脆弱的心灵

孩子的心灵单纯而美丽，对这个世界充满着好奇心。他们随时会问一些奇怪抑或天真的问题，让父母不知如何回答是好。当他们提出类似“为什么公共汽车有 4 个轮子”“为什么三轮车有 3 个轮子”“为什么自行车有 2 个轮子”的时候，你是否笑话过他们天真、幼稚？还是你不置可否地一笑而过，或者干脆敷衍他们了事？

请记住，不要笑话孩子的问题太天真，孩子在他们的角度思考问题，很直接地提出了自己的想法，这是他们对事物有着好奇心的表现，也是他们拥有创新精神和自己独特兴趣的表现。作为他们的父母，应该做的是：站在他们的角度，与他们一同来找到问题的答案。

伟大的生物学家达尔文小时候就向他的爸爸提出过比较“天真”的问题，他的爸爸十分巧妙地回答了他的问题，从此以后，达尔文对于生物的兴趣越来越浓。

达尔文小时候对周围环境非常感兴趣，特别喜欢钻研问题。一天，小达尔文跟爸爸到花园里散步，花坛里盛开着五颜六色的花，特别美丽。当他看到其他的花都有好多种颜色，而报春花却只有黄色和白色两种颜色，他就问爸爸："爸爸，为什么报春花只有两种颜色，要是它也能有很多种颜色该多好啊！"

爸爸笑着说："你这个小幻想家，好好努力，只要你用心，我相信你一定能想出好办法的。"

过了几天，小达尔文对爸爸说："爸爸，我已经想出了一个非常好的办法，我要变一朵红色的报春花送给你。"

爸爸答应说："好，我的小宝贝，你去变吧，变出来的话，它将是我们英国第一朵红色的报春花。"

又过了几天，小达尔文大喊着跑到爸爸面前，把手伸到爸爸面前说："爸爸，你快看！"

爸爸一看，他面前果然是一朵火红的报春花，美丽极了。

爸爸惊奇地问道："宝贝，你是怎么变出来的啊？"

"研究出来的。"小达尔文骄傲地说，"你以前告诉我说花是在用根吸水，并且把水传到身体的各个地方去，于是我就想让报春花吸一些红色的水，那么白色的花朵不就会变成红颜色了吗？昨天我折了一朵白色的报春花，把它插到红墨水里，今天它就变成红色的了！"

听了小达尔文的话，爸爸把小达尔文抱起来，亲了又亲。

由于对大自然有浓厚的兴趣，达尔文始终在孜孜不倦地探索，后来终于成了伟大的生物学家。

达尔文的父亲对孩子的提问没有表示出不屑一顾，而是直面孩子的想法，最终，达尔文找到了自己的答案，这也为他成为伟大的生物学家奠定了基础。

孩子出于好奇心向家长提出各种问题，不管问题多么幼稚，家长都应认真倾听，不要有不屑、轻视和厌烦的态度。家长可以这样说：“这个问题问得好。”“我们看看书 。”这才是正确对待孩子提问的方法。切忌说“问老师去”“这都不知道，书白念了”，这种回答只会使孩子美好的心灵蒙上阴影，以后变得循规蹈矩，没有创新能力。尤其要注意的是，不能因为孩子的问题而否定孩子。

一位老人有两个儿子，长子 48 岁，次子 44 岁。老人从年轻时代起就非常喜欢下象棋，并一心想培养儿子成为职业棋手。长子从小学二年级便开始学下象棋，经常会问父亲 :“这个为什么要这么下？”父亲觉得教了孩子一年多了，孩子仍然不知道走每步棋的含义，非常生气地说 :“你的智商怎么和一年级的学生一样？这个问题这么简单你也不会！”长子听了就说 :“那就算了。”以后，无论父亲怎么劝说，长子再也不下象棋了。

当父亲教尚在幼儿园的次子下象棋时，就改变了方法，无论孩子问什么问题，他都会认真回答，并说上一句 :“这个问题值得研究，我们一起来解决。”之后，次子热衷于下象棋，而且进步很快，并成了一名实力很强的选手，小学六年级时就参加了市级别的比赛。以后，次子尽管没有成为职业棋手，但在上大学念书时，却是该校象棋部的主将,仍活跃在棋坛上。

兄弟俩的聪明智慧不会有很大的差别。可是，父亲不同的教授方法，

却产生了完全相反的效果。一个孩子的棋技进步很快，而另一个孩子对象棋则毫无兴趣。父亲不同的态度使得两个孩子有着不同的发展。

每个孩子都是好奇宝宝，他们的问题数也数不尽，问也问不完。父母应尽量给孩子多一点时间和空间，善待和引导孩子的好奇心和兴趣，让他们在玩耍中发展兴趣，找到自己心中疑问的答案。

重视、发现和保护孩子的兴趣爱好，不要主观地划定爱好的正当与不正当，这点尤其体现在对待孩子提问时父母表现出的态度上。是表示出积极肯定，还是否定和不理解？孩子的成长单凭他自己的努力不够，需要家庭给予他理解和赞同，并从小对他的兴趣做正确的引导。

给孩子多一点时间和空间，让孩子自己进行观察。达尔文成为生物学家有着极大的驱动力，那就是他的兴趣和好奇心。他的爸爸并没有打击他的积极性，而是鼓励孩子，对于孩子的问题也没有表示轻视。达尔文的父亲无疑是一个聪明的家长。

善待和引导孩子的问题，在玩中发展其兴趣和爱好，引导孩子将兴趣发展成日后的方向。

放开双手，让男孩子自己走

现在我国的家庭大多养育一个孩子，对于父母来说，孩子是家里的“核心人物”，每一天从开始到结束，都是围绕着孩子转。害怕孩子吃不好、吃不饱或者穿不暖，担心孩子在学校被别人欺负，想尽自己的全力来保护孩子。这样一来，孩子对家庭和父母就会有一种依赖性，当他们遇到问题和困难时，会不由自主地向父母寻求帮助，而缺乏主动、独立解决问题的能力。为什么不放手让他们自己去走人生道路呢？如果能在家庭教育中培养孩子独立的能力，孩子面对困难和挫折时，有自己的方法来面对和解决，那不正是父母们所乐意看到的吗？

父母应该鼓励孩子依靠自己的力量解决问题，生活的路是属于他们自己的，让他们从小就养成自己“走”路的习惯，不对任何人产生依赖心理。

社会心理学家曾做过一项有趣的调查，发现亲子之间的纠纷很多源于子女过分依赖父母，使父母感到力不从心，子女则因为某些要求没得到满足而埋怨父母无能。那些从小习惯于大小事都依赖父母的孩子，自理能力都比较差，独立性也差，遇事总是指望父母一帮到底。随着子女的需求和父母的能力之间的差距越来越大，相互间不满和怨言也与日俱增，以至于出现纠纷和冲突。

老师发现小明上课不专心，发言不积极，测验成绩不好，但奇怪的是，他的家庭作业却完成得非常好。家访中老师发现小明的家庭作业不是独立完成的，很大程度上靠爸爸的参与才完成。

独立完成家庭作业，是孩子应该养成的学习习惯之一。老师布置的作业，大都是对当天学习内容的巩固，预习与当天学习的内容紧密联系的新知识，培养学生对知识循序渐进的理解和运用能力。只要认真思考，家庭作业是不难独立完成的，根本不需要父母的参与。相反，如果父母越俎代庖，会使孩子滋生依赖心理，形成了习惯，影响孩子的独立意识。

当孩子遇到困难时，父母要善于启发孩子，寻求正确的解题思路。要变“授之以鱼”为“授之以渔”，教给孩子正确的思考方法。

云云遇到一个词不会造句，不得不向父亲求教。父亲让他自己从课文中找出包含这个词的句子，认真朗读，并联系上下文说说这个词的意思，必要时还可以查工具书，把词义弄懂。父亲又让他联系实际生活和平时说话的语境和语调，恰当地运用这个词。孩子的难题很快迎刃而解，造出了令人满意的句子。最后，父亲向云云竖起大拇指：“你造的句子真棒！”渐渐地，云云的语言表达水平大幅度提高。

父母要求孩子独立完成家庭作业，也是培养孩子自信心的好办法。让孩子品尝到解决问题的快乐，同时这些小小的成就感又会激发他们的学习兴趣。可以想象，父母“剥夺”了孩子的这份成就感，结果会是什么？就是孩子一直脱离不了父母的照顾，遇到困难和挫折就想回家找爸爸妈妈，没有想过自己去解决。

孩子独立性的培养始于家庭教育。父母应该给孩子创造一个鼓励他独立的环境。这样环境的家庭应该具有以下特点：

1. 尊重孩子的个人隐私，不要求他袒露自己的秘密，让他拥有自己的个人独立空间。

2. 孩子寻求独立的愿望与行动是正常的，而不是对家庭的挑战。

3. 不鼓励依附与懦弱的心理。

孩子在父母的启发、帮助下力图独立生活的愿望是健康的，父母不应简单否定。如果父母珍惜自尊和自我价值，那么孩子也可以在平静、愉快的气氛中离开家庭独立生活。若是孩子风不能吹，日不能晒，雨不能淋，能坐着不站着，能躺着不坐着，一家人整天围着孩子转，即使孩子该干、能干的事情，也一律由父母包办代替，久而久之，孩子的自立意识、动手能力、劳动观念等逐渐泯灭，养成不劳而获、懒惰成性的恶习，并且依赖心理会越来越严重，那么孩子就永远不能独自飞翔。

男孩子更需要有选择和发展自己的自由

父母对孩子有太多的期望，并且大多数家长是按照自己的愿望和想法来安排孩子的各项事情，例如，到什么学校上学，穿什么样式的衣服，剪什么样式的发型……结果就是，孩子并不能靠自己的能力去解决问题，而是每次都需要征求父母的意见，其实就是父母给孩子拿主意。父母考虑问题是站在他们自己的角度，而不是孩子的角度。孩子无法达到父母心目中的标准，这会使孩子产生挫败感，从而影响孩子的信心，正确的方法是：让孩子选择自己的爱好，父母不随意安排他的生活。

蔡志忠是中国台湾的知名漫画家，他的《自然的箫声——庄子说》等漫画集开创了中国古籍漫画的先河，他创办的远东卡通公司在卡通界享有盛誉。蔡志忠的作品以其富含哲理和独具一格受到广大读者包括中小学生的欢迎。

蔡志忠的父亲是一位民间书法家。他的书法在当地赫赫有名，钢笔字苍劲有力，毛笔字行云流水，逢年过节，来求字的人络绎不绝。父亲能写一手好字，子女不跟着学点实在可惜，但蔡志忠似乎对书法一点也不感兴趣，父亲也没有逼他学书法。

蔡志忠从小就喜欢看漫画书，总是想方设法地攒钱买书。那时候，蔡志忠感到向父亲要点零钱很为难，他常常小声对父亲说："阿爸，给一毛零花钱吧！"父亲常常给他两毛钱。在父亲看来，孩子应该有点钱买自己喜欢的东西，只要不乱花就行。父亲对蔡志忠的慈爱之情溢于言表。

在蔡志忠成长的过程中，父亲总是把主动权让给孩子，父亲相信孩子的选择是对的，鼓励他走自己的路。

蔡志忠是全校唯一考上第一志愿——彰化中学的学生。父亲似乎比蔡志忠还兴奋，特地给儿子买了一个大书包，在上面用毛笔欣然写下"彰化中学"4 个字。

蔡志忠刚上彰化中学时，正赶上学校改建，每天只上半天课。蔡志忠就像脱缰的野马，奔向多姿多彩的漫画世界，在漫画世界里自由自在地遨游。他一有空就直奔漫画书店，一看就是大半天。回到家里，不是看漫画，就是自己画漫画，甚至在学校里，竟边上课边画漫画。蔡志忠成名以后，《时代周刊》采访蔡志忠一家，记者问 80 岁高龄的蔡志忠的父亲："24 年前，你怎么放心儿子弃学离家到台北画画呢？"他说对儿子的行为其实一直都很注意，"我给他自由"。

蔡志忠一直记得父亲的教诲。所以，他对女儿也是这样——让孩子自主做决定。

女儿从小就十分有主见，凡事不依赖父母。很小就自己到挺远的地方去买拼图，在家里画自己想画的任何东西。15 岁那年，独自一人环游欧、亚、美 10 多个国家和地区，尽管有些国家语言不通，但她还是顺利地去了所有想去的地方。

曾有人采访蔡志忠时问到"怎么放心让孩子去那么远"，他淡淡地说："我也是 15 岁时，父亲就放我到台北工作了。"

“我让他自由。”这是蔡志忠父亲的“家教之道”，蔡志忠一生得益于此。所以，他对女儿也像父亲对他一样，在家教领域留下了一段佳话。

与之相反，下面这位爸爸为了弥补自己年少时的“遗憾”而强迫孩子的爱好。

北京来了几位颇有名望的国画家，爸爸费尽周折托关系想让一直学国画的儿子同国画家见个面，也好得到当面指导。可是，儿子不愿意去，当着爸爸的面把自己过去的画撕了个粉碎，还嚷着说爸爸耽误了他的时间。

爸爸对儿子说：“我小时候喜欢国画，要不是家庭条件不允许的话，说不定能考进美院。现在家庭条件允许了，我想让你学好国画，替爸爸完成这个心愿，你怎么就不愿意呢？”儿子说：“那是你的想法，我不是这么想的，我不去！”

家长都希望儿女有出息，甚至盼着他们成龙成凤，更有些人强硬安排着儿女的将来，只为着弥补自己的“遗憾”。先不说孩子有没有这样的条件，就从不顾孩子的意愿来安排他们未来这一点上说，对孩子就有失公平。其实父母应该尊重孩子的意愿，从孩子的兴趣出发，让他们自由选择方向，勇于对自己的选择负责。否则，非但不能为孩子创造健康的成长空间，反倒会让孩子遭到父母爱的“摧残”。

让孩子积极选择自己的未来，首先让孩子选择自己的理想。每个孩子的兴趣不同，爱好不同，父母应当给孩子自由选择的权利，不必横加干涉。一些父母看见别人的孩子 3 岁就会背唐诗，也买回一本，每天口读面授，逼着孩子背诵。还有的父母希望子女成为少年画家、书法家、乐坛“神童”，毫不顾孩子的兴趣爱好以及自身的条件，把自己省吃俭用的钱拿出来搞“智力投资”，但结果往往与他们的愿望相悖。

其次，及时引导、鼓励和支持。父母关爱子女，仅仅停留于溺爱和物质的满足是远远不够的，而应重在启发、引导、扶持，积极支持孩子的选择。

给孩子最希望的东西——自由发展的空间，让孩子自己选择，这正是今天不少父母忽视或很难做到的地方。在此，呼吁广大父母，还给孩子一片自由飞翔的蓝天吧！

在家中给小男子汉一个展示自我的平台

孩子的天赋是在不知不觉中被发现的，父母可以让孩子在家中最醒目的墙上张贴他的涂鸦之作，或者为孩子做个陈列架，摆放他从学校带回家的小制作。这些展示的作品是孩子荣誉感的体现，最能激发孩子的自信心。

有的中国家庭似乎不怎么重视孩子的动手能力，只要求孩子把学习成绩提高就行。因而，在孩子的卧室里，看到卧室的墙上可能贴的满是“三好学生”“优秀班干部”之类的奖状，诚然，这些能激励孩子在学习上再接再厉，可是孩子的动手能力同等重要，是他的实践能力和操作能力的表现。如果孩子只会学习，进入社会后没有动手解决实际问题的能力，这将是“中国式教育”的悲哀。

晓廷是班上的班长，今年读小学五年级。他卧室的墙上贴满了从上幼儿园至今所获得的全部奖状，有“优秀班干部”“进步最佳奖”等诸如此类的各种有关学习的奖状。可是一到上劳技课的时候，晓廷就提不起兴趣。他看到那些小木头和小螺丝钉就不舒服，每次一上劳技课就看别的科目的书，很少动手实践。老师总是启发他的兴趣，帮助他完成劳技作业，可是他在期末考试时，劳技课仍然没能及格。

优秀的晓廷伤心地告诉了妈妈，因为他从来没有不及格的科目。妈妈若有所思，语重心长地对他说：“孩子，妈妈注重你的学习能力，似乎没能很好地培养你的动手能力，这是妈妈的不足呀！”晓廷一边抽咽着一边说：“妈妈，就算劳技课不及格，也不影响我拿‘三好学生’的。”妈妈很惊讶孩子如此说，正色道：“孩子，这门课程十分重要，你不能认为它不重要，以后妈妈和你一起做这些手工作业好不好？一起来面对它！”晓廷想了想，回答说：“不，我没有兴趣，我只对拿高分有兴趣！”

晓廷的妈妈似乎认识到了晓廷在学习中的问题，可是为时已晚，晓廷已经完全沉迷于高分，而不在乎自己的动手能力。

美式教育很注重孩子的全面发展，美国的格雷小朋友是一个十分幸运的孩子，他的妈妈坎贝女士非常善于培养他的自信心。

格雷是一个 8 岁的小学生，他的爱好非常广泛，特别喜欢体操运动，总是蹦蹦跳跳的，在家里也很少能安安静静地坐下来。

不过，格雷时常从学校带回来的一些手工和画作，让妈妈惊喜地发现，儿子也有细心的一面。

格雷带回家的手工和画作一般都与他在学校的学习内容有关：上幼儿园时学英语词汇，他就会带回粘贴着鼻子、眼睛、眉毛和嘴巴的脸谱图。后来上了小学，读了关于圣诞节的书，他就会带回一些圣诞树上挂的手工饰物。学了植物知识，他则会带回花朵和树叶的作品。妈妈说，要想知道孩子在学校学了什么，看看他的作品就行了。

格雷带回家的手工和画作都会被张贴和摆放在家里显眼的地方。尤其是摆在最显眼处的 3 张画像，更是妈妈爱不释手的宝贝。这分别是格雷在一、二、三年级时画的自画像，记录了他从一年级到三年级的成长和变化。

在美国，几乎所有的孩子都和格雷一样有着类似的经历。父母会在家里给孩子办个作品展，或在家里开辟一块地方专门展示孩子的作品。让孩子在欣赏自己作品的过程中感受到自信，感受到父母的关爱。

美国家长的这些做法很值得借鉴，那就是把作品放在最显眼的位置展示出来。而我国的家长把孩子辛苦制作的作品和其他玩具混在一起，随意放在某个角落，这只会降低孩子的动手热情，使得孩子不相信自己的动手能力。

心理学专家研究表明：孩子在制作手工作品的过程中，不仅能促进触觉和视觉等方面的发育，还能激发他们的求知欲，培养他们的审美能力，以及创造力、想象力等。所以鼓励孩子多动手，对于他们的成长是非常有益处的。

因此，给孩子开辟一个陈列其手工品的陈列架，在培养孩子兴趣的同时，也激发了孩子的智力发育，使得孩子动手实践的能力增强，同时也充满自信。建议父母和孩子一起制作一些作品，然后在上面写上制作日期，再给作品起个名字。如果可能，最好记录下当时制作的简单过程和花絮。接着，父母和孩子就可以把作品放在专门的柜子里了，柜子最好是透明玻璃的，这样孩子就可以随时看到自己的作品，内心时常充满自豪感。再有，在孩子的手工作品积累到一定数量时，父母可以向孩子建议做一个作品展，把所有的作品都从柜子里取出来，让孩子自己设计摆放，展出两三天，请亲朋好友到家里参观。

平心静气对待男孩子犯的错

一位老师曾经说："家庭教育中，孩子犯了错，家长首先要做孩子的知心朋友，要了解孩子心理变化的过程，要了解事情的经过，之后和孩子一起改正错误。"

家长们往往认为孩子犯错误是一件可怕的事情。但是，如能正确地解读孩子们犯错误的心理，并走进他们的内心深处，错误就会成为一个教育机会了。

强强放学后一直没有回家，爸爸妈妈非常担心，就到学校去找他。那时正值初秋，台风来访，打落了许多小树枝。学校的大爷就把它们扫在了一起，堆在了沙坑旁边。

爸爸妈妈走到操场时，突然有个小姑娘跑来说："有人在玩树枝，还乱扔！"爸爸妈妈顺着她指的方向望去，果然看到几个小家伙手里各抓一根树枝，正在热火朝天地打闹呢。强强发现了他们，连忙扔掉树枝，迅速地逃跑了。剩下的几个孩子见强强的爸爸妈妈似乎很生气的样子，正准备跑，被他们拦住了。几个孩子苦着脸，磨磨蹭蹭地挪过来，嘴里支支吾吾地说："不是我，叔叔阿姨……"强强爸爸摆摆手，打断了他们，亲切地说：

“你们看，地上好多树枝啊，我们一起把这些树枝清理干净，放回沙坑旁边，好吗？”几个孩子虽然一脸诧异，但还是赶紧卖力地去捡树枝了。强强的妈妈正要去追强强，发现溜走的强强也悄悄地回来了，加入了清扫的队伍，并且清扫得很认真。人多力量大，不一会儿，地面就被打扫干净了。

见孩子们忙活完，洗过手后，强强的爸爸妈妈重新把小家伙们召集到身边。他们乖乖地站成了一排，等着挨批。强强站在中间，似乎特别害怕被责备。爸爸注视着他们，严厉地说：“你们刚才犯了错误，知道吗？”“知道。”他们点点头。“犯了错误就应该勇敢地承认，而不应该抵赖，更不能逃跑，对吗？”“对！”这次，他们重重地点点头。强强爸爸感到他们的认错态度很诚恳，于是，语气一转，说：“强强，你和你的同学们刚才又做了一件好事。这件好事正好弥补了你们刚才犯的错误。我很欣赏你们，还要表扬你们！”话音刚落，孩子们眼睛一亮，愣了片刻，然后害羞地笑了。爸爸妈妈知道，在这笑容的背后，一定包含着孩子们对自己错误举动的检讨以及改正错误后得到表扬的欣喜，也一定包含着不再犯同样的错误、做个好孩子的决心。

强强没有因为贪玩不回家被爸爸妈妈责备，也没有因为丢树枝而被批评，反而，爸爸妈妈把这件事当作一个教育的机会，理智地解决了孩子对父母的畏惧和孩子犯错误后的逃避这些生活中的问题。犯错误是难免的，年幼的孩子犯错误就更正常了。可是生活中，家长常认为孩子不该犯错、不能犯错，根本就没有把错误视为教育的机会。从孩子的立场和角度出发，犯错误其实是一种经历，也是一个学习的过程。只有经历了犯错误，经过教育后，孩子才能学会改正错误——真心思过而不是表面敷衍；只有在犯错、认错、改错的真实情境中，孩子才能学会正视错误——勇于承担而不是狡辩；才能学会挽回过失——积极补救而不是消极退缩。如果能把孩子犯错误当作一次教育机会，父母对待孩子就会温柔许多，教育的方式也会温和许多了。

素素看到妈妈在厨房里忙碌，便过去帮妈妈择菜。结果，他把菜叶弄得满地都是。妈妈见孩子这样帮“倒忙”，气不打一处来，便明褒暗贬地对孩子说：“你可真能干，我们家都快成菜市场了。”

妈妈这句冷嘲热讽的话，打击了孩子“尝试”的积极性。素素从此不再帮妈妈择菜。

而青青的妈妈则是另外一种做法：

青青的妈妈在发现儿子淘气地将自己刚洗完的衣服又放回水池里以后，只是惊喜地对儿子说：“宝贝，你真的长大了，能帮妈妈干活了。让妈妈教你洗衣服好吗？”结果，儿子兴致勃勃地学会了洗手帕，后来又学会了洗衣服。

家长在批评孩子时，应善于发现孩子哪怕是微小的优点，及时给予认可、肯定，往往会收到很好的教育效果，不妨把这种效应称为“放大效应”。假如孩子习惯撒谎，父母不妨在孩子说实话时表扬他，用表扬强化诚实，使孩子克服撒谎的缺点。假如孩子学习不够认真，父母也不必劈头一顿数落，不妨在孩子认真学习时，用表扬去巩固孩子的认真。只要父母擦亮善于发现优点的眼睛，孩子就会因为父母的发现而很快进入健康成长的轨道。

理智的家长不妨微笑着摸摸孩子的头，抚抚孩子的肩，掸掸孩子身上的土（有时未必真有泥土），正正孩子的衣领（有时衣领未必歪斜），整整孩子的衣襟（有时衣服未必有皱褶）……特别在孩子遇到困难和挫折时，紧紧拉着他的手，注视着他的眼睛，对他说："不管你犯了什么错误，你对我们来说都是最重要的！我们相信你能够改正自己的错误！我们会永远爱你！"这些细微的举止，会在孩子的脑海里泛起爱的波涛，既能减轻孩子的心理压力，又使孩子容易接受父母的建议。从而，孩子不会因为害怕承担责任而不敢面对自己的错误行为，在犯错后，勇于面对错误，并积极地改正自己的错误，这不正好达到了父母们的教育目的吗？

给予男孩子更为宽广的个人空间

我国著名的教育家陶行知先生在他的著作中多次提到两个故事：一个是造就了科学家的母亲，一个是造就了科学家的父亲。前者讲的是美国发明家爱迪生的母亲。爱迪生进校只有三个月就被开除了，但他的母亲知道他不是坏孩子，允许他在家里随心所欲地做各种小实验。后者讲的是避雷针的发明者、美国科学家富兰克林的父亲。富兰克林说，他对科学的兴趣，就是小时候在父亲的工厂玩耍中培养起来的。

从这两则故事中得到的启示是：成功的家庭教育，前提是创建一个有利于孩子健康成长的良好家庭环境。孩子的个人空间，有他的隐私，也可以有由他自由支配的时间和任何事物，只要孩子的行为有正当的理由，父母应该让孩子有自己的个人空间，并且父母必须遵守这个规矩，不能随意剥夺孩子的个人空间。

王明的儿子要高考了，全家从儿子进入高三开始就进入了战备状态：王明每天都要督促儿子复习功课，检查儿子的学习进度，妻子也是从生活上“非常”重视儿子的高考。王明说：“儿子是我们全家的希望，我们当然希望他能考上重点大学，将来有个好前程，全家人脸上也有光，所以我们把儿子管得很紧。儿子近来由于学习紧张，情绪不太好，总是抱怨玩得太少，可我们不敢放松。”

9岁的张菁一周除了学校的学习以外，妈妈还给他报名参加了钢琴班、画画班、英语班，简直没时间和小朋友们一起玩。张菁说：“我很不开心，没有更多的时间和小朋友一起玩了。”张菁的妈妈则认为：“我是要给儿子一个‘充实’的童年。”

这两家的父母都是望子成龙、望女成凤的典型代表。他们不顾孩子的感受，按照自己的想法安排孩子的一切。显然，孩子承担的是来自爸爸妈妈的压力，还得违背自己的意愿去做自己不喜欢的事情，也没有属于自己的私人空间，仿佛一个学习机器。这样的孩子受到了家庭教育的负面影响，让他们失去了自己的想法，这无疑就像是折断了孩子“思想小鸟”的翅膀。父母应该对孩子进行健康的、全面的家庭教育，还孩子一个自由的个人空间。

美国的“发明大王”爱迪生的妈妈，给了爱迪生足够的个人发展空间，并且支持他发展自己的爱好。爱迪生曾经因为在学校经常问很多奇怪的问题而被老师讨厌，老师们都认为他是笨学生，是无药可救型的孩子。可是他的妈妈却认为自己的孩子是个聪明的孩子。

在学校，爱问问题的爱迪生经常让老师很恼火，因此老师有时候训他，甚至打他。爱迪生心里不高兴，成绩总是没有提高。老师把爱迪生的妈妈找来，当面数落他的儿子：“他脑子太笨了，成绩差得一塌糊涂，总是爱问一些不着边际的问题。我们真教不好你这样的儿子。”爱迪生的妈妈听了，觉得是老师不理解儿子，问题多是因为孩子爱思考，好奇心强，求知欲旺盛。她相信儿子的智力没有问题，而且比别人的孩子还要聪明很多。于是，她毅然对老师说：“既然这样，我就把我儿子带回家吧，我自己来教他。”老师听后愣住了，他实在不能理解这个“奇怪”的孩子，还有他“奇怪”的母亲。

从此，爱迪生的母亲就当起儿子的家庭教师。对于儿子稀奇古怪的问题，只要她知道的，她就努力回答；不知道的，她就让儿子去看书。当她发现儿子对物理、化学很感兴趣后，就给儿子买了本《派克科学读本》，她还劝丈夫把家里的小阁楼改造成儿子的小小实验室。就这样，在这个不怕被问“为什么”的母亲的教育下，爱迪生虽然没有在学校读过几年书，却有许多伟大的发明，为人类社会的发展做出了极大的贡献。爱迪生的文化程度不高，对人类的贡献却这么巨大，因为他的妈妈给了他足够的个人空间，让他那颗好奇的心、一种亲自试验的本能和超乎常人的艰苦工作的无穷精力、果敢精神在自己的个人空间里自由翱翔。

生活中像爱迪生一样喜欢问问题的孩子有很多，他们的小脑瓜总是装满了“为什么”，许多父母都习惯在不知如何回答孩子的那些异想天开、稀奇古怪的问题时，采取不加理会或者轻易否定的态度。而爱迪生的妈妈却能认真积极地对待孩子的问题，给孩子一个属于自己的实验室，让孩子自己去寻找答案。

给孩子属于自己的个人空间，对培养孩子的想象能力、思维能力有很大帮助，遇到问题就让孩子到自己的空间里去解决，这使孩子强烈的求知欲望和好奇心不至于泯灭，从小就能养成勤于思考、勇于探索的习惯。爱迪生一生的成就就是对此非常好的佐证。当父母遇到“为什么地球是球形而不是个正方体”“为什么只有晚上才能看到星星”这样的问题时，不要头疼，更不要厌烦，耐心一点儿，认真一些，鼓励孩子多问问题，给孩子一个自由思考的空间，让孩子自己去寻找答案，说不定你也能培养出一个发明家、科学家。

自学能力等于男孩的成长力

素质教育是培养孩子综合能力的基础。父母应从孩子小时候就培养他自学的好习惯，这样可以使孩子具备努力驱动自己求知的动力，让他们自觉地、发自内心地去探求知识的宝库。孩子的学习是贯穿于素质教育的关键，其中自学能力的培养是相当重要的。

日本的一位教育家野口悠纪雄说过："永远保持现役学习状态，不经常学习大脑会变得生疏迟滞，让大脑长时间放松休息未必是好事。"这句话对于孩子的学习也能适用，当代中国的家庭教育往往以注重提高孩子的学习成绩为主要目标，不强调孩子主动地自学，只要孩子成绩单上的分数还算漂亮就行。其实不然，孩子的自学能力反映了孩子学习的兴趣、学习的动力，以及选择学习的目的。

从教育学领域范围看，学习不光是对书本知识的学习，还有对于生活技能、社交技能和身体锻炼等涉及孩子生活的各个方面的学习。自学能力的培养能使孩子"爱学，主动地学，创造性地学、会学"，通过自学懂得许多书本外的知识。培养孩子自学的方法有：

方法一：兴趣是孩子"自学"的第一任老师。

小君喜欢在课余时间里了解古代名人的故事。妈妈对他的爱好表示赞同和欣赏，每次路过书店都会买一些历史类的书籍给小君。有一次，小君给妈妈讲了孙膑和庞涓斗智的故事。当他兴致勃勃地讲完这个故事后，妈妈感到他的阅读和理解能力都比以前有所提高，不禁对小君爸爸说："看我们儿子现在的自学能力多强啊，不用老师教他都能理解故事，还能讲出来！"爸爸说："是啊，看来兴趣是孩子自学的老师啊！"

方法二：求知欲能激发孩子的自学兴趣。

众所周知，求知欲是驱动孩子自觉主动地学习的动力本源，聪明的父母不是对孩子进行枯燥的说教和严厉的要求，而是因人而异，擅于因势利导地激发孩子的求知欲，然后让孩子满腔热情、积极主动地去探索、去学习，家长要有一双发现孩子兴趣点的慧眼，引导孩子通过自己的努力奋斗，实现自己追求的目标。

方法三：为孩子营造自学的环境。

孩子的成长过程就如花草树木一样，除了园丁的精心护理外，生长环境也是很重要的。父母在培养孩子自学习惯的同时，不要忘记为孩子营造一个良好的自学环境。

年轻妈妈王莉莉正自学英语。为了记忆单词，她把家里能见到的

家电和家具，例如餐桌、洗衣机、冰箱等贴上了用纸条写好的相对应的英语单词。儿子对此表示出很大的兴趣，她便教儿子读，和儿子一起学习，儿子读得很认真。没过多久，儿子就能指物读出一些英语名称来，爸爸和妈妈都很高兴。于是就循序渐进，培养起了儿子对学英语的兴趣。之后莉莉就告诉儿子用一个小笔记本写上自己学习过的单词，可以带在身边随时随地地学习。一年后，儿子的单词本上积累了一千多个熟记的单词。有了一定基础后，莉莉又同儿子一起报名参加了《新概念英语》的学习，练习一些常用口语。在这样一个偶然的学习环境中，儿子对英语产生了浓厚的兴趣，也有了自学英语的能力。以后的日子里，莉莉尽量为儿子营造好的学习环境，促使儿子学习起来没有压力，越学越起劲。儿子走上了自学的道路。高中时可以阅读一些英语科普读物，到大学三年级就通过了国家六级英语考试，在后来的托福、GRE 考试中也取得了优异的成绩。

让孩子在学习中充分地发挥自己的特长，按照他们的兴趣在知识的海洋里畅游，这样能使知识不断积累、不断深入，这些会是他们明天不断获取新知识、新理论、新观念的动力和基础。在这当中，自学能力已经被逐渐培养起来，这会成为日后孩子迈向成功的一个不可低估的重要条件。

赞赏是孩子自信心的源泉

所谓自信心，就是相信自己。自信心对孩子一生的发展，无论对智力还是体力，抑或处世能力，都有着基石性的支持作用。信心就像人的能力催化剂，将人的一切潜能都调动起来，将各部分的功能推动到最佳状态。在不断反复的基础上，巩固成为人的本性的一部分，将人的功能提高到一个新的水准。一个人的成长路线，如果一直是积极上升的，可以想象其累积效果是十分壮观的。

被称为“全球第一 CEO”的美国通用电气公司前首席执行官杰克·韦尔奇曾说过：“所有的管理都是围绕‘自信’展开的。”凭着这种自信，在担任通用电气公司首席执行官的 20 年中，韦尔奇显示了他非凡的领导才能。

韦尔奇从小就患有口吃症。说话口齿不清，还经常闹笑话。韦尔奇的母亲想方设法将儿子这个缺陷转变为一种动力。她常对韦尔奇说：“这是因为你太聪明，没有任何一个人的舌头可以比你这聪明的脑袋快。”于是从小到大，韦尔奇从未对自己的口吃有过丝毫的忧虑。因为他从心底相信母亲的话：他的大脑比别人的舌头转得快。在母亲的鼓励下，口吃的毛病并没有阻碍韦尔奇学业与事业的发展，而且注意到他这个弱点的人大都对他产生了某种敬意，因为他竟能克服这个缺陷，在商界出类拔萃。美国全国广播公司新闻部总裁迈克尔就对韦尔奇十分敬佩，他甚至开玩笑说："杰克真有力量，真有效率，我恨不得自己也口吃。"

韦尔奇的个子不高，却酷爱体育运动。读高中的时候，他想报名参加校篮球队，当他把这一想法告诉母亲时，母亲便鼓励他说："你想做什么就尽管去做好了，你一定会成功的！"于是，韦尔奇参加了篮球队。当时，他的个头几乎只有其他队员的 3/4 高。然而，由于充满自信，韦尔奇对此始终都没有丝毫的在意。以至于几十年后，当他翻看自己青少年时代在运动队与其他队友的合影时，才惊奇地发现自己几乎一直是整个球队中最为矮小的一个。

韦尔奇的自信，与他所受家庭教育是分不开的。韦尔奇的母亲对儿子的关心主要体现在培养他的自信心。因为她懂得，有自信，然后才能有一切。

自信是孩子最重要的品质之一。自信的孩子会更快乐、更独立，更容易取得成功。如何培养孩子的自信？通常家长会认为只要表扬孩子就可以培养孩子的自信，真的是这样吗？下面列举几种表扬孩子的方法，可以让孩子更自信。

1. 旁敲侧击，委婉表达

如果 7 岁的孩子把他写给爷爷的致谢信交给妈妈看，妈妈发现信上的字非常潦草，不应该只说："这是什么呀？拿回去重写一遍。"可以委婉地告诉他："这上面的字不是你写得最好看的，我见过你写得更漂亮的字，为什么不写一封更漂亮的呢？"通过实事求是的评价，父母可以赢得孩子对你们的信任同时，也让孩子有信心能写得更漂亮。

2. 多接触社会

当孩子的日程被安排得满满当当的时候，他们有可能对各种活动敷衍了事，而父母们最终可能成了试图干涉孩子生活的人，而不是与他们一起分享快乐的生活。各种后勤工作，接孩子上下学，帮助他们检查各种用具等将占据父母的全部生活。事实上，把孩子管得团团转并不能有助于培养他的自尊心，反而让他疏远了和父母之间的关系。所以，父母最好赶快减轻孩子繁重的负担，让他有更多的时间享受家庭生活的乐趣。孩子会因此觉得身心放松，父母也同样能从中感受到快乐，和孩子之间的关系因而变得更融洽，而这种爱的纽带正是培养孩子自信心的基础。

在孩子自信心的培养上，亲子之间关系紧密，使得父母深切地关爱自己的孩子，能够尽己所能地为孩子养成积极向上的自信品质而努力。特别是在孩子有所需要时，父母能够给予及时的全心帮助，使孩子感到父母是最可信任的人，是自己的朋友，孩子在父母深切的关爱和信赖下容易产生自信。而具有良好的亲子关系也使得孩子对父母有一种特殊的亲切感、依赖感和信任感，从而更能接受父母的言行，配合父母教育他们的活动。由此，家庭进行孩子自信心培养的效果往往也较好，能顺利地增强孩子的自信。

父母都希望自己的孩子是有头脑、会独立思考的人，但没有自信心的支持，很难培养出真正独立、有开拓精神的人。一个缺乏自信心的孩子，便缺乏在各种能力发展上的主动积极性，而主动积极性对刺激人的各项感官与功能及其综合能力的发挥起着决定性的作用。

韦尔奇的母亲在培养儿子自信心的同时，她还告诉韦尔奇，人生是一次没有终点的奋斗历程，你要充满自信，但无须对成败过于在意。家庭教育中，父母也应该如此教育孩子，自信的孩子更容易成功。

第 2 章
用爱在男孩内心播下强大的种子

内心的强大不等于蛮横不讲道理，更不是莽撞无所顾忌，而是在于是否有一颗感恩之心，懂得爱并且去爱自己的父母和身边的人。爱才是世界上最强大的力量，心中充满了爱的男孩才是内心真正强大的男孩。用爱在男孩的内心播散下强大的种子吧！没有谁喜欢外强中干、经不住任何挫折与打击的“小霸王”。

让孝心成为孩子内心的坚守

我国有句古语："百善孝为先。"孝敬父母是中华民族的传统美德，在各种美德中是排在第一位的。家庭教育中，父母应从孩子小的时候就着手培养他的孝心，孝心可谓是孩子做人之根本。

古人云："老吾老，以及人之老；幼吾幼，以及人之幼。"说的就是人们不仅要孝敬自己的父母，还应该尊敬别的老人，爱护年幼的孩子，家庭教育中，父母也应及早灌输孩子这种孝敬老人的理念。

那么，父母如何培养孩子的孝心呢？

孝敬父母包括子女对父母的亲爱之情、敬爱之心、侍奉供养之行，但对幼小的孩子"孝心"的教育必须根据其年龄特点。以下几种基本教育方法可供参考。

1. 身教重于言教

竞竞的妈妈下班后，忙完了家务，又端水给竞竞的奶奶洗脚，竞竞的奶奶对她说："孩子，歇会儿吧，别累坏了身子。"她笑笑说："妈，不累。"妈妈的言行举止被竞竞看到了。到了晚上睡觉之前，他一声不响地端来一盆水，摇摇晃晃地向妈妈走来。盆里的水溅了一些出来，溅到了竞竞的身上，可竟竟仍是一脸的灿烂。他把水放在妈妈的脚下，为妈妈洗起了脚。妈妈感到很欣慰：“孩子，你长大了！”

孝心就是这样学会的，就是这样传递的，孝心就是在父母的榜样下养成的。因此，要想培养孩子的一颗孝心、懂得爱，父母首先要以身作则，要做孝敬长辈的楷模，因为“身教重于言教”。

2. 要让孩子学会感恩

感恩源于良心、良知、良能，这是孝心的亲情基础。做家长的应有意识地让孩子体会父母的辛苦，体会父母挣钱养家的不容易，体会父母对孩子的爱，体会父母同样也需要孩子的关心和爱。因此父母不妨经常给孩子讲讲自己一天的经历，让孩子体会到自己的辛劳。细节最能感染人。知恩就要感恩，感恩才能报恩。要让孩子从小养成关心父母、体贴父母、爱护父母的好习惯，如为妈妈梳梳头、给爸爸捶捶背等。

3. 从小抓起、从小事做起

常言道：“3 岁看大，7 岁看老。”因为习惯成自然，从小养成的不良习惯长大了也是难以改变的。培养子女的孝道，得从小抓起。

要让孩子养成孝敬父母的好习惯，得从一点一滴的小事着手塑造和培养。例如，平时教育孩子要关心父母的健康，要帮父母分担忧愁，要帮助父母做家务。当孩子不会时，父母要耐心地教；孩子做错事时，不要横加指责；孩子做得好时，要多表扬鼓励。孩子只有在亲身实践和体验中才能体会到父母的辛苦，尝到为别人付出的快乐。当“父母养育了我，我应当为他们多做事”的观念逐渐形成时，孩子就有了一份生命的义务感和责任感。这也是当代孩子最缺乏的。因为他们平时只知道接受爱，而不知道付出爱，没有学会关心和感激。

家长切忌走进家庭教育的误区，认为孩子还年幼，主要任务是学习，只要学习好了，什么也不用干。

正确的观念：好孩子的评价标准不能仅仅看学习成绩，而是多方面的，孝敬父母就是一个重要的标准。

读三年级的浩浩是班上的学习委员，在班上属于学习成绩拔尖的孩子。老师发现每次浩浩都是由爸爸或者妈妈送到学校来上课，爸爸妈妈每次送他来了后都要看着他进校门或者进到班里，可是浩浩似乎没有一点感激之情，每次都一脸理所应当。后来老师还发现，浩浩连书包都是爸爸或妈妈背着的。

老师找到浩浩的爸爸了解情况，发现浩浩不在乎父母为自己的付出，不体贴父母，是他的家庭教育出了问题。因为浩浩每天放学回到家后，父母不要求孩子做任何事，只要把课后作业完成，然后去复习和预习功课就行。浩浩的父母认为孩子这样对待他们没有问题，可是老师看到了其中的问题。

孩子如此不在乎爸爸妈妈为自己的付出，势必使他形成这样一种观点：除了学习，父母为自己做任何事情都是理所应当的。那么这样一个只会学习的孩子，当然不会明白父母让他努力学习的用心。试问，不能理解父母用心的孩子，在家中不能做到“将心比心”，不懂得孝敬辛苦的父母，倘若以后为人父或为人母，又怎能给自己的孩子起到榜样的作用呢？

孝心，是孩子内心依赖的一把大伞，它像一棵树一样给孩子带来了氧气，孝敬父母的孩子才能深刻理解父母对自己的爱，才能在索取父母爱的同时也奉献出自己对父母的爱。

不要对男孩子有求必应

豆豆从幼儿园一回来就对爸爸说："明明的爸爸给他买了一个大恐龙，我也要……"爸爸问他："你要恐龙干什么？要玩可以和明明一起去玩呀，或者你可以用自己的火车跟他换着玩？你看怎么样？"豆豆听后，还是死活不依，爸爸开始忙自己的事情，不理他了。豆豆一见爸爸这样，赶紧跑到电话机前给妈妈打电话说："爸爸不理我了，妈妈，我要妈妈，爸爸不给我买恐龙！"妈妈一听急了："宝贝别哭啊，妈妈回来给你买！"豆豆一听，立马笑了。爸爸听到，不高兴了。

妈妈下班后带回来一个玩具恐龙，爸爸把妈妈拉到卧室里说："孩子这么小，你就助长他的攀比之心，以后还怎么行啊？你不能让他觉得自己有道理，这分明就是无理取闹！"妈妈叹气说："怎么办？孩子这么小，一个恐龙又不值几个钱，不买他又要哭！"

爸爸和妈妈都拿豆豆没辙。

孩子在小朋友那里看到了什么玩具，总是希望家长也给他买一个，别的小朋友有什么，他也要有什么。孩子的这种要求往往给家长带来压力，也带来内心的矛盾。其实，只要处理得当，孩子的要求能转换成孩子以后成长道路上的方向标，指明生活的道路。

一方面，父母不想让自己的孩子在小朋友中没面子，因为没有那些在孩子中流行的东西而被小朋友排斥；另一方面，父母肯定也有自己的安排和打算，给自己的孩子买多少和买怎样的玩具。那么，到底应该怎样处理这个矛盾呢？

1. 经济力量不能满足孩子的要求

“我也想要一件有米老鼠的衣服。幼儿园里的小朋友都有这样的衣服！”虽然两个星期前刚买了一件新衣服，5 岁大的琳琳还是想要一件新的。她的理由是：“慧慧有一件这样的衣服，芹芹也有！”

最后，琳琳取得了胜利，虽然琳琳的父母都是普通的工薪阶层，还是给她买了这件价格不菲的名牌童装，而他们自己急需的东西就只好再一次推迟购买。

尽可能地满足孩子所有的物质需求，许多父母都会这样做，即使有时候孩子的要求超过了家庭的经济承受能力。但有关研究表明，这样做对父母和孩子都不好。

一方面，这会增加家庭的消费压力，而且这种压力从孩子进幼儿园开始，一直到他念小学和中学，都不会停止；另一方面，这会让孩子养成错误的金钱观念，使他长大后也无法合理调整自己的消费观念，容易滋生没钱用就找父母要的坏习气。

有关专家建议，如果孩子提出了超出家庭经济承受能力的要求，较好的办法是直接对孩子进行解释，告诉他你没有足够的钱给他买这些东西。这个道理 3 岁的孩子就已经可以理解了。

需要强调的是，父母的想法在这种情况下往往起到决定性的作用。所以，父母首先自己要明白，不能承受某些物质上的消费并不是一件丢脸的事情，这与个人价值也没有任何关系。如果能够把这种自信心传递给孩子的话，那么遇到这种情况，父母和孩子更容易达成共识，而整个家庭也能从孩子那里得到理解和支持。

2. 别的孩子都有

多多的妈妈一直规定不能带巧克力和糖果去幼儿园，但是现在，4 岁的多多每天早晨都吵着要带一种做成动物形状的巧克力去幼儿园，因为“其他小朋友的爸爸妈妈都给他们买，而且都让他们带到幼儿园里去”。

虽然父母有很多理由拒绝孩子提出的一些要求，但往往会由于其他孩子的行为，而不能确定自己的做法是否正确。遇到这样的情况，是应该制止还是妥协呢？

这时，父母最好和一些有相同感受的父母或老师交流一下，从而了解是否真的只有自己的孩子与其他孩子不同，或者是否真的只有自己禁止孩子这么做。因为孩子往往用其他孩子都这样的说法作为“要挟”你的手段。所以，如果可能的话，父母可以和同班孩子的父母联合起来，大家一起订出一些规则，比如禁止孩子在幼儿园里吃甜食等。

如果无法与其他父母达成协议时，到底是拒绝还是妥协？有关专家认为，即使你拒绝孩子的要求是非常有道理的，也要把原因向孩子解释清楚，并且要坚持到底，哪怕是孩子非常生气或极力反抗。

3. 孩子一定要立即得到某些东西

小洋在吃晚饭时突然对妈妈说："我想要一双会叫的鞋子！"妈妈就说："那好呀，到你生日的时候，我就给你买。"小洋却又吵又闹："我不要等到生日，别的小朋友都有了，我今天就要。"妈妈无可奈何地摇头叹气。

这段对话表现了很多孩子典型的做法，即他们如果想要什么东西，就一定要马上得到。作为父母，先要了解一下，孩子提出这个要求有没有特殊的原因。如果确实幼儿园里的小朋友们都穿上了会叫的鞋子，只有小洋没有，他当然希望自己也能马上拥有一双这样的鞋子，与小朋友们一起玩。

但要让孩子知道，并不是所有的愿望都能够实现，并让他学会对他的愿望进行调整和等待，比如不买会叫的鞋子而买一双类似的旅游鞋，或者等到生日的时候再买等。这样，孩子得到他所希望的东西后就会倍加珍惜。

有些孩子常常过了几天或者几个星期，就忘了他现在想要的东西或者已经改变了想法。如果父母总是一味地满足孩子的愿望，随时让他得到任何他想要的东西，孩子的需求往往会更加没有节制，而且永远不会感到满足。

孩子的要求在父母的积极面对下，能很好地转换，最主要的是，父母要学会让孩子自己思考他的要求是否合理，如果合理，父母支持的原因又是什么？如果不合理，那么当时为什么要提出不合理的要求呢？

别让“辱骂”伤了男孩的自尊

辱骂似一支毒箭，只能用来对付恶毒的敌人，而不是自己的孩子。

当一个孩子第一次被别人称为笨蛋时，他会马上反驳：“你才是笨蛋。”但是，如果自己的父母总是这么说孩子，久而久之，孩子就会信以为真，认为自己真是个大笨蛋。当他绊了一跤摔倒在地，他就会对自己大叫起来：“你真笨，连走路都会摔倒，难怪爸爸妈妈说你是笨蛋，你就是个大笨蛋。”也许从此他会回避那些需要竞争的事情，也没有了心底的竞争意识，因为他确信自己太笨了，肯定不会取胜，从而放弃努力，也不去尝试。他认为回避这些竞争和较量可以避免遭受到不必要的嘲笑和讽刺，于是，他的生活信条就是：“不尝试者，永无失败。”

如果自己的孩子深陷这种困惑中，父母怎么办？因为自己的原因而使得孩子如此没有自信，如此没有勇气，怎么能帮助孩子走出阴影呢？

在孩子已经没有自信和勇气的时候，还有什么办法能帮孩子解围呢？就是不要辱骂孩子，不能为了达到自己的教育目的就用不堪入耳的难听话来“教育”孩子，应理智地处理孩子的问题。

小小是个刚读小学的孩子，他在幼儿园和学前班时都表现得特别优秀，能背唐诗、跳舞和唱歌，几乎是个全能孩子。可是，在他入学没多长时间，竟然待在家里不愿意去上学了。老师发现小小好几天都没有来学校，觉得有点不对劲儿，专门到小小家，找到小小亲切地问他：“小小啊，最近学习上有什么压力吗？为什么有几天没来上学呢？”小小不安地挪动着自己的脚，然后小声说：“我有一次起晚了，被妈妈骂了。老师您不要告诉我妈妈，说我没有去上学，她不知道。”老师听后，非常不安，给小小的妈妈打了电话，小小妈妈承认是有这么一次，但不知道最近小小没有去学校，因为每次小小都很早就出门了。

老师对小小妈妈说：“您对小小说话的语气是不是有点冷嘲热讽，伤害了小小的自尊心？”

小小妈妈倒是很直接地说：“哎呀，老师啊，我的孩子我知道怎么教，骂两句没什么的，您别那么文绉绉的，什么冷嘲热讽啊，我就是让他以后早点起，还不是为了他好啊！”

“可是你知道，家庭是孩子的第一学习环境，您相当于孩子的第一任老师，您骂孩子只会使得孩子更加畏惧您，也增加了孩子的厌学情绪。”老师继续说。

此时的小小妈妈沉默了，老师说：“小小在我眼里是一个优秀的孩子，您现在这么骂了他之后，他在课堂上也不积极回答问题了，变了一个人似的。”小小妈妈似乎理解了老师此次电话的意义所在，她谢过老师后，挂断了电话，并且陷入了沉思。

小小的妈妈并没能理智地处理孩子上学迟到这件小事，她骂了孩子几句，导致孩子对自己产生了怀疑，不能面对自己的错误，因而就选择了逃避——不去上学。这使得一个乐观的孩子在自己最信任的环境里变得不自信，无法正确面对自己的错误。

尝试用一种正面的方式来面对孩子的错误，不辱骂也能教好孩子，还能使孩子充分认识到自己的不足，在下次同样的事情发生时能够勇于面对而不是逃避。

首先，家长在感到盛怒时不要管教孩子。家长在极度愤怒的状况下，肯定无法以理性的方式来管教孩子。所以，专家的建议是：当家长平静不下来的时候，暂时离开现场，或者转移自己的注意力去做别的事。待到自己平静下来以后，再和孩子好好谈谈。此时，家长能以平静的语气来谈论孩子的错误。

其次，降低对孩子的期望值。俗话说："心急吃不了热豆腐。"有时父母太过于求胜心切，甚至有些急功近利了，常常拿自己都做不到的标准（或许是家长自以为能够达到，但实际上从来没有达到过）来要求孩子。孩子年龄还小，有好动、健忘、固执等表现都很正常，家长如果真的对孩子有所要求，也必须考虑孩子的成长状况，不能总是拿"放大镜"去看待孩子，不能对孩子的要求几近苛刻。尤其注意不能因为孩子这次没有达到家长心中的要求，就把孩子原来的种种错误都翻出来一遍又一遍地说，这是最忌讳的一点。

最后，理智的解决方法就是：沉默以对。下面这位妈妈就用"沉默"的办法巧妙地应对了孩子的错误。

一个 4 岁的孩子，听到外面的小朋友说骂人的话，觉得很有趣，回到家里就说给妈妈听，妈妈听到他说脏话后很生气，却并没有表现出来。妈妈知道，孩子在这个年龄还没有辨别能力，他并不明白这句脏话的含义，只是初次听到，感觉新鲜好玩才去学的，不过是为了引起妈妈的注意，显示他的本事。

过了一会儿，妈妈心平气和地告诉孩子，说脏话是不对的。

这位妈妈的经验是：当孩子犯了不是出于本意的错误时，家长没必要兴师动众，这样有时反而会使孩子加深对错误的印象，难以改正，最好的办法就是保持沉默，让他通过思考认识到这些错误，并在反思这种错误行为的同时，心甘情愿地改正。

这能使孩子养成自我反省的好习惯。一旦孩子开始理解是非对错，辨别自己的能力大小，那么家长的“沉默”就已经让孩子成长和独立了。

当然，并非孩子犯任何错误，这种方法都有效，如果孩子对同一个错误屡教不改，那么家长就应该尝试结合实际情况，使用其他的一些教育方法了。

真诚地对你家的小男子汉说“你真棒”

在现实生活中，非常多的家长都认同赏识孩子的教育方法，并经常用表扬的方式教育孩子，但往往事与愿违，试过几次后发现没有收到预想的效果，于是只能无奈地说：“我家的孩了比较特殊，这种方法在他身上没有作用。”真的没有作用吗？细细想想，这些家长是怎样表扬自己孩子的呢？是不是真诚地表扬了孩子呢？

壮壮的妈妈在一次家长会后，被老师所说的“表扬式教育”所吸引，于是便决定改变以前的教育方式。回到家后，壮壮做的每一件事，无论做得怎样，她都会说：“孩子，你做得太棒了，我以你为荣！”

一整个晚上下来，壮壮被夸得莫名其妙。

最后，壮壮摸摸妈妈的额头说：“妈妈，你没事吧？”

妈妈愕然……

为什么壮壮会有如此反应呢？是妈妈的表扬让他不满意吗？还是妈妈说话的语气伤害了他？其实都不是，是妈妈的表扬没让壮壮感受到诚意，壮壮觉得妈妈的表扬有点莫名其妙，是妈妈的表扬方式出了问题。

表扬是家庭教育方法中的一种，需要讲究技巧。如果家长不分场合、不分事由一味地表扬孩子，孩子往往会被夸得莫名其妙，有时，他们会被父母不真诚的表扬吓到，甚至还会对父母的表扬产生反感，如果父母没有察觉到孩子的反应，久而久之，孩子会对父母的表扬产生抵触情绪，会有一种“爸爸（妈妈）又开始骗我”的想法。他们会认为自己的父母太“虚伪”，父母的表扬太不真诚。

除此之外，有些家长认为鼓励孩子就是说些好听的话，或者是简单地给孩子戴高帽。而单纯地这么做，也往往会引起孩子强烈的反感。

星期天爸爸妈妈都出门了，只有肖肖一个人在家，他把物品摆得整整齐齐，把家里收拾得干干净净，想给爸爸妈妈一个惊喜。

妈妈一回来，便大声地说：“我太爱你了，孩子，你真自觉呀，把家里打扫得这么干净！”

肖肖一听这话觉得扫兴极了，马上说了一句：“真没劲！”

肖肖为什么觉得妈妈的表扬很扫兴呢？因为他得到的只是诸如“自觉”这样干巴巴的表扬，而不是实质性的认可他的劳动结果。他会因此认为：妈妈之所以表扬我，是因为我今天打扫了房间，如果我下次没有这么做呢？她还会认为我是好孩子吗？当孩子因此而怀疑父母的表扬时，父母就该改正自己的表扬方式了。

因此，表扬孩子应该发自内心，从孩子本身出发。只有这样，孩子才能真正看到自己的优点，不断地进步，开创属于自己的精彩生活。

在表扬孩子的过程中，为了避免不真诚地表扬孩子，可以采取以下几种方式：

1. 用别人的话来表扬孩子

强强的叔叔是一位年轻有为的白领，30 岁刚出头就被公司重用，多次被派出国公干。强强非常崇拜他，有一次，叔叔从国外回来，带了礼物给强强，强强和爸爸妈妈去叔叔家做客。回来后，妈妈无意间提了一句："强强，今天你叔叔夸你有礼貌了！"

强强一下子就笑了，说："真的吗？"

"真的呀，他亲口对你爸爸说的，我听到了。"妈妈回答说。

"是的，你叔叔今天和我说了你有礼貌。"爸爸也笑着说。

从此之后，强强遇到熟人都会打招呼、问好，变得越来越懂礼貌。妈妈发现这一神奇的效果之后，每次叔叔见过强强后，妈妈都会神秘地告诉强强："你知道吗，你叔叔今天对我说，强强抢着做家务，是个懂事的大孩子了。""叔叔夸你学习努力，说你将来肯定能干出一番事业。"

从此，强强每见叔叔一次，回来都会有很大的改变。妈妈和爸爸对强强的表现也越来越满意。

每个孩子都会有自己崇拜的人，借他们的口来表扬你的孩子往往会产生神奇的效果。即使他们没有崇拜的人所夸的那样优秀，也会朝着那个目标去努力。因此，这样的表扬，无疑是孩子成长的推动器。

2. 表扬要具体

有些父母在表扬孩子的过程中，往往会用"你真棒"这句话一语带过，而并不表扬孩子的具体行为。其实，这不是一种有效的表扬方式。

尤其对于一些年龄尚小的孩子来说，父母更应特别强调孩子令人满意的具体行为，表扬得越具体，孩子对哪些是好行为就越清楚。

两个孩子在一起玩，一个不小心摔倒了，另一个赶紧跑过去把他扶起来，帮他拍净身上的土。这时，父母就应表扬得具体一些："你今天把小朋友扶起来，你做得真好。以后和小朋友在一起玩，就要像这次一样互相关心和帮助。"

这种具体的表扬方法，既培养了孩子关心别人、助人为乐的良好行为，又赞赏了孩子。孩子以后再遇到相同的情况，就会马上做出正确的行为。

3. 表扬孩子的行为，而不是自身条件

某学者去一位在中国居住的外国朋友家做客，朋友家 6 岁的女儿拿出水果来招待他。他接过小女孩递来的水果，很真诚地对她说："好漂亮的姑娘啊！"

当小女孩回屋之后，外国朋友很严肃地对他说："你伤害了我的女儿，你必须向她道歉。"

"我伤害了她？我刚才不是称赞她漂亮吗？"学者一脸茫然。

"这就是问题，她和你打招呼，并递给你水果，你并没有赞美她的礼貌。而你却赞美她长得漂亮，这只是她的外表，是父母给予的，不是她努力得来的结果。"朋友一本正经地说。

最后学者向小女孩真诚地道了歉，并夸奖她有礼貌。

很多父母常常会犯这位学者所犯的这类错误。例如，当妈妈下班回来感觉很累，孩子过来给你捶背，这时，妈妈夸孩子"你真是个好孩子"，倒不如这样表扬孩子："女儿捶得轻重正好，妈妈（爸爸）现在舒服多了，有你这么孝顺的孩子，妈妈（爸爸）觉得很幸福。"这会让孩子明白，孝敬父母是一个人的美德，他也会为自己拥有这样的美德而自豪。

另外，家长还应该注意，对那些年龄比较小的孩子，当他的表现很不错时，你的表扬一定要及时。如果家

长对孩子的良好表现视而不见，会大大挫伤小孩子的积极性。

孩子的成长过程是一个充满各种挑战的旅程，家长的态度会决定孩子对待生活的积极性和乐观程度。可以说，任何人都乐于受到赞美，孩子更不例外，如果赞美空洞而不真诚，甚至于孩子都能感受到父母在敷衍自己，那么，这种家庭教育是不成功的。因为父母一旦这般对待孩子努力后的成果，使得孩子积极性受挫，再遇上有兴趣做好的事情，也可能会不再参与，如此一来，父母就把孩子乐观向上、有抱负、有信心的人生态度改变了。

鼓励孩子尝试，让孩子正确面对失败

常言道："金无足赤，人无完人。"孩子在成年之前一直处于学习的状态，有些时候会成功，有些时候会失败，这失败和成功都是很偶然的，成功则说明孩子擅长于此或对某事有浓厚的兴趣，失败也并不能对孩子的努力全盘否定。

"失败是成功之母，只有经历过失败，才能享受到成功的喜悦，也只有一步步成功，孩子才能真正长大。"在成长的过程中，孩子终归有面对失败的时候。

家长若能与孩子共同面对，并对孩子的失败表示深有同感，说一句："不会干这个没什么大不了，下次再来吧！"那么，孩子能很快地从困境中走出来，并重新燃起对未来的希望。孩子不会对自己的失败感到羞耻，会再接再厉。

当有一天他攻克了这个"难题"，他会很高兴地告诉你："爸爸（妈妈）我会干这个了。"

面对孩子的失败和挫折，英国的家长认为应该由孩子自己来承担失败的责任，并且告诉孩子："失败不可怕！"他们并不像中国的部分家长那样，认为孩子年纪小，应帮孩子处理问题，或者干脆让孩子放弃。他们也不认为孩子的能力还不足以完成这个任务，应该等再大些，才能够胜任。

查理的儿子马修是在爸爸的信任下长大的。查理从未对孩子的失败表示瞧不起，一直都鼓励孩子自己找到问题的答案。如今的马修能照顾自己的起居生活，修理家里的水管、电器，甚至连修汽车也能说得头头是道。

马修是在 2 岁的时候第一次做家务活，他看到查理在洗碗池里洗碗，感到很好奇，就拉着查理的腿，不愿跟妈妈回房间。见此情景，查理干脆把马修抱到洗碗池边 :“来吧，马修，你来洗碗，看看你干得怎么样？”马修马上坐进洗碗池里干了起来。说是在洗碗，倒不如说是在洗澡，马修的衣服、裤子都湿了个透，碗不但没洗干净，而且还掉了一个到地上摔碎了。

一开始时，马修还在笑，觉得坐在洗碗池里玩是件挺有意思的事，可是慢慢地，他觉得不好玩了，就无聊地把水泼到水池外面，把碗推到洗碗池一角又推回来……终于，他忍不住哭了起来。直到这时，查理才把他抱出来，送他去洗澡，换了干净衣服，再把他放在洗碗池旁边，自己戴好围裙，把洗碗液挤到水里，然后，在马修的注视下，把碗一个个洗干净、抹干。

结果，马修第二次洗碗筷，衣服只湿了一半。第三次，只有袖子湿了一点点。查理教他把碗洗干净的方法，马修越做越好。

洗碗是马修的生活学习课程中的初步课程，比较危险的是烧水。

水壶放在煤气灶上，里面的水被烧开了，查理用一块手巾垫在手里，把水壶拿了下来。马修也要这么做，那时他才 4 岁。查理就把壶里的水换成温水，告诉马修，水开时水汽会把水壶的把柄蒸热，所以要垫上毛巾才能拿，水很热，要注意不能让水壶里的水倾倒出来。第一次尝试时，半壶水倒在了马修身上。

“这是因为你的力气不够。”查理说，“你需要用两只手。”

说完，查理又为他换了壶温水。

“不，爸爸，我再也不拿水壶了。”马修胆怯地后退着，“我知道，这很危险，我再也不碰了。”

“你一定要再试试，你有这个能力。”查理鼓励他，“用我教你的方法，你一定行的。”

在查理的指点下，马修又试了一次。这次，他安全地把水壶端了下来。

查理的想法非常简单：要给孩子失败的机会，面对失败，一次次改正错误，直到成功，这不只是教孩子学习并掌握能力，同时也是教会马修一种人生的态度。

现在不少孩子不能承受压力，也不能忍受失败。其实，这都是心理脆弱的表现，而这心理脆弱常是因为家庭教育所造成的。孩子一旦离开父母，进入社会独自生活，就非常容易出现问题，因为一句玩笑而辍学，在大学里恋爱不顺利就跳楼，这样的事情屡见不鲜。

归根究底，原因大多在家长身上，是家庭教育出了问题。从孩子小的时候开始，家长就总是担心孩子会受到伤害，这也不许做，那也不让做，日子一长，孩子就自然而然地认为自己什么都做不到，也做不好。于是，遇事便搪塞，最后索性推得干干净净，全凭家长做主。孩子的行为，决定于他自己的需求和自由意志。家长的这一行为在无形中抹杀了孩子的需求，没有需求就可能没有梦想，没有决定自己未来人生发展的自由，也就失去了内在的信念和自信。

每个人的一生都会经历挫折和失败，经历后有人发奋图强，有人一蹶不振，这并不是挫折和失败的错，而是由于每个人自身对挫折的承受能力不同。若想吃到甘甜的果实，就必须付出艰苦的劳动；期待生命中有辉煌，就必须经受更多的磨难。将一棵在温室中生长的花朵移到户外，经历了一场风雨后，其结果可想而知。家长把前进中的路障清除干净，使得习惯了走平坦大道的孩子在遭遇泥泞小路时，将会为先迈哪只脚而犹豫不决。

别害怕孩子失败，有时候挫败感可以激发人的斗志。顺境未必是好事，逆境也不见得就是坏事。要让孩子明白，自己的问题，只有自己才能解决。家长不能代其行事，充其量只能起到辅助作用。该经历的就让孩子去经历，让孩子亲身去体验，远比家长在耳边不停地唠叨有效。

每个孩子的性格迥异，对失败的心理反应也不同。有些自卑的孩子，性格较弱，如果自信心不够，做事就会缩手缩脚，家长就需要多多鼓励；如果是自尊心过强，目空一切，遇到挫折立刻心灰意冷的孩子，家长就要让他知道“一山还比一山高”，努力做到最好的自己，享受耕耘的过程，别太看重结果。

人生的道路究竟该怎样走，需要自己去探索；它最终通向何方，也要自己一步一步地走。跌倒了，爬起来，接着走；又跌倒了，再爬起来，再接着走；在一次又一次迎击挫折、战胜失败的过程中，孩子的心理承受能力会越来越强，越战越勇的自信心能使挫折不堪一击。最终，孩子将成长为生活的强者。

所以，家长应让孩子接受挫折，只有依靠自身解决问题，内在的潜能才会充分地发挥出来，达到自我实现的理想境界。

从点滴开始克服孩子的依赖性

我国目前绝大多数孩子是独生子女。生活条件优越，家长过多地包办与娇惯，很多孩子在学习与生活上有极强的依赖性。他们每天写完家庭作业，需要父母逐题逐字地检查；一碰到学习上的困难或难题，就要叫爸爸妈妈帮助；第二天要用的学习用具，需要父母逐样地准备；卧室的床铺，需要父母整理；他们的手绢、红领巾、袜子，需要父母帮助洗净。总之，这些依赖性强的孩子，离开了家长似乎一事无成。因此，家长必须及早纠正孩子的依赖性。

依赖性是指凡事都要依靠别人，缺乏自立和处理能力的一种心理倾向。有依赖性的人，往往有以下表现：

1. 没有主见，缺乏自信，总觉得自己能力不足，甘愿置身于从属地位。

2. 遇到事情总想依赖父母、老师或同学，总希望他们能为自己做出决定，不敢独立负责。

3. 依赖性强的孩子往往喜欢与独立性强的孩子交朋友，他们显得很顺从，希望独立性强的孩子能给他们出主意。如果失去了可以依赖的人，他们常常不知所措。

如何帮助孩子克服依赖性呢？

现在的孩子，很多都存在一定程度的依赖心理，这主要是由于优越的生活环境和父母的溺爱所致。这种依赖心理严重影响孩子们成长与发展，如果得不到及时矫正，不仅可能削弱一个人在生活中的抗磨难能力，还会导致一个人心理畸形。

美籍挪威探险家司史蒂芬就是一个这样的人。他为了揭开北极的奥秘，决心到北极去探险。他向北极行进的第 40 天就把随身所带的食物吃光了。在那异常寒冷、没有人烟的北极区域，他没有谁可以依赖，只能凭着自己顽强的毅力才能得以生存。没有食物，他就靠猎取海豹和北极熊充饥；没有燃料，就弄些熊毛当燃料将肉烤熟吃。有时弄不到可燃物，他就得饿肚子，或者只好吃生肉。史蒂芬就是在这样极端艰苦的条件下，以他的智慧和毅力胜利地到达了目的地，并且前后在北极圈内考察了 11 年之久，其中有 6 年的时间是靠猎取野生动物赖以生存的。

我国著名的教育家陶行知先生有一首通俗的《自立人之歌》：“滴自己的汗，吃自己的饭，自己的事自己干。靠人，靠天，靠祖上，不算是好汉。”说的就是做人要独立，不靠任何人。

独立自主意识是全面发展的基础，独立性越强，发展得越快越好。孩子要有作为，必须从小克服依赖性，不依赖父母、亲友，不依附权势。因此，为了培养孩子们的意志，以应付生活中随时可能出现的逆境，我们必须让孩子克服依赖性。

首先，培养孩子的独立性。

放手让孩子去做力所能及的事，克服依赖性。孩子的特点是好奇好动，家长要尽早让孩子练习一些基本生活技能，如穿衣、穿鞋、擦桌子，独立完成简单的任务。凡是孩子能够做到的，成人尽量不插手，给孩子足够的

时间去思考、尝试，发现自己的能力。孩子感觉自己有能力去做好某件事，就会果断地去做。开始，他们会出一些问题，但经过几次锻炼，他们会管理好自己的事情。

一位奶奶训练小学一年级的小孙子自己收拾书包上学。有一天，他忙得忘带水瓶了，结果渴了一天，“借”了点儿同学的水喝。第二天，他起床第一件事就是灌水瓶，装进书包里，以后就不忘了。

教育理论上称它为“自然后果教育法”，是个行之有效的办法。

创造机会，鼓励孩子下决心。一个人在做出一个决定之前，需要考虑利弊得失后，再做出最佳选择。成人应在一定范围内给孩子充分自主的机会，让孩子有自我决策和选择的权利，凭自己的思考、能力去决定做什么事，如何做。如到商店给孩子选购衣服，价钱由父母选定后，鼓励孩子自己拿主意选择自己喜欢的款式与花色。

给予孩子必要的帮助。对于较难做的事，家长应同孩子一起去做，并给予适当帮助，教孩子逐步学会一些克服困难的方法和技巧。孩子有了成功的经验，就会增强自信，做事果断。

正确评价孩子做的事。对孩子要求不要过高，要多鼓励、少批评。对竭尽全力也没做好的事，父母应给予理解，告诉孩子：“没关系，以后再慢慢努力。爸爸（妈妈）小时候也常常这样。”成人正确的评价，可减轻孩子的心理压力，下次做事，他会再一次鼓起勇气作出自己的决定。

其次，让孩子坚信“我能行”。

社会心理学家验证了这样一个规律，一个把自己看得毫无用处、认为自己什么都不能做的人，独立开展工作的能力是低下的，没有别人的指导与帮助，什么事都难做好。相反，一个对自己评价很高的人，乐于努力工作，愿意最大限度地利用自己的可能性，并且认为在困难面前屈服对自己是不体面的。自信心强的孩子，他们追求的目标是：“既然别人能做，我也一定能做。”而自信心差的孩子更多地追求的行为目标是：“我从来就不能做这种事。”因此，自信心差的孩子，依赖性也就强。要帮助孩子克服依赖性，首先要让孩子坚信“我能行”。

可见，培养孩子从小学会生活自理和独立学习的能力，有助于克服依赖父母或者长辈的思想。

男孩子的成长需要父母的信赖

在教育史上，有一个被称为“暗含期待效应”的著名实验。这项研究的主旨在于纠正教师的偏见，证明教师的期望对学生学习成绩的影响。其原理就是信任，这种效应被广泛运用于现代教育中。家庭教育的工作者——父母，也不妨从对孩子的信任出发，培养孩子们的积极性，让孩子在家人的鼓励和信任中不断地进步。

对孩子的信任，能够激发孩子内心的动力，让孩子体会到成功的快乐和失败的教训。他们会在父母充满信任的目光和言语中，自己从摔倒的地方爬起来，一步一个脚印地走向成功，实现他们心中的理想。

有一个孩子马上面临中考了，因贪玩耽误了学习，感觉自己可能没有希望了。孩子妈妈并没有放弃，一直鼓励他，并给他信任，认为他一定能克服困难，提高学习成绩。孩子在妈妈的鼓励下，以优异的成绩考入了一所重点中学，在高中阶段又奋力拼搏，以高分考入了北京大学。进入大学后，这位学生非常感谢妈妈：“当时如果没有妈妈的信任和鼓励，我不会有这么大的学习劲头，恐怕也难以到未名湖畔漫步了。”

每个孩子的潜力都是巨大的。做父母的就要在孩子成长的道路上不停地为他们鼓掌欢呼、加油喝彩。信任自己的孩子，对于父母来说是个考验，对于孩子来说是一个跨越。父母应该给予孩子充分的理解、信任，这样才能真正地读懂他们，走进他们的心里，在他们真正有了需要时给予支持，让他们有充分发挥的空间，促进他们得到更大的发展。

9 岁的彤彤，被妈妈视为掌上明珠。妈妈从来不肯撒手让其独自行动，甚至离家几步之遥的超市都不让他一个人去。妈妈的想法较多：怕孩子过马路被车碰着，遇到突发事件不会处理等。孩子有几次挣脱她的手，想独立做自己的事，都被妈妈给硬拽回来了。妈妈有自己的理由，但是这样是对孩子处理事情的能力缺少信任，确切地说，是对孩子本身缺少一种信任。

有一次，彤彤想自己上中央书店看书，妈妈没有答应。孩子非常正式地跟她说："妈妈给我一次机会吧。"面对孩子近似祈求的语气，妈妈决定给孩子以信任。2 个小时后，孩子高高兴兴地从书店出来了，一种自豪的表情挂在脸上。从这以后，孩子能自己处理的问题，妈妈就放手让他去做，有时还把一些重要的事情交给孩子办，完成得都还不错。彤彤也感觉到了妈妈对他的信任，变得懂事多了，还告诉妈妈很多知心话，把妈妈当成他的好朋友。

因此，不能只在嘴上对孩子表示信任，而要表现在行动上，尤其是那些学习成绩不理想的孩子的父母，要特别注意这个问题。因为任何孩子都希望自己是最棒的，有些孩子成绩上不去，屡遭挫折，心里压抑，心情烦躁，他们多么希望父母说几句鼓励的话，以减轻心里的负担。如果父母不理解孩子此时的心情，偏要在孩子身边一遍遍唠叨孩子没有做好，即使父母的用意是好的，但招来的却是孩子对父母的反感，伤害孩子的自尊心，导致孩子自卑、怯懦、缺乏进取的勇气，甚至厌学。

相反，如果父母对孩子有足够的信任，即便孩子遇到了困难，他们也能够充满自信，积极发挥主观能动性，有效地进行自我调整，把困难转化为促进自己努力进取的动力。这不仅有利于激发孩子的学习兴趣，保持良好的学习情绪和心理环境，从而提高孩子的学习效率和学习成绩，同时也锻炼了孩子的自主性、创造性以及对自己和他人负责的能力。

父母应该同孩子建立起相互信任、相互平等、相互尊重的朋友关系。因为孩子不仅在生活上需要父母的养育，也需要有经验、阅历广、愿意倾听、能够给予自己忠告和帮助的“忘年交”。

如果父母还没有和孩子建立起平等信任的朋友关系，双方不妨现在就坐到一起，开诚布公、推心置腹地进行沟通和交流，把彼此的想法告诉对方，这样才会更好地消除隔阂，化解代沟。其实父母慢慢地就能体会到，同孩子做朋友是一件非常有趣，也是非常快乐的事情。

请记住：父母应该是孩子最值得信赖的好朋友。

没有天生的“笨小孩”

“从来不要对孩子说你比别人差。”这句话对所有的父母都是有益的，而且对孩子的成长也是有利的。每个孩子都有自己的优点和缺点，成长中的孩子，身体、智力等方面的发展还不很均衡，过早地给孩子下结论，跟这家那家的孩子作比较，比来比去，只会伤了自己孩子的心，让他对生活和学习失去信心。

一个家长站在路边对孩子说："你看看你，怎么没有某某好呢？你看某某成绩又好，而且一有空就学习，家长也不用操心。你呢？学习不如别人，就知道玩，我们还整天跟在你后面催，你要让我操心到什么时候？你哪一天能像某某那样认真学习，我就是在梦中也会笑醒的。”那孩子愤怒地望着妈妈，对妈妈说："你整天就知道要我学习，难道除了学习，别的都不重要了吗？我在班上爱劳动这个优点他就没有，你为啥不说呢？”妈妈听后还是一个劲儿地说孩子不爱学习。孩子此时已经泪流满面了。

这种教育孩子的方法是错误的，难道学习好就能代表一切了吗？素质教育中只注重成绩吗？品德和劳动也很重要啊！

家长不要拿自己孩子的弱点和别人的优点相比。即使别人的孩子很优秀，他们的长处和优点也是通过学习而拥有，并非一蹴而就。只要孩子尽心了，努力了，就是好孩子，切不可一味地苛求。家长首先要摆正心态，对自己的孩子要有信心，发现孩子有一点点进步都要及时表扬，让孩子不断树立自信心。在生活中发现自己孩子的优点，要及时说出来让孩子知道，他也有许多地方值得别人学习，并不是一无是处。给孩子一个属于自己的空间，不要对孩子说他比别人差。注意自己的行为方式，因为孩子的行为方式是跟你学的。

优秀的家庭教育中，父母应尽量做到以下四点：

1. 以身作则，建立威信

孩子的行为习惯、道德品质是逐步形成的，父母应该告诉他们哪些应该做，哪些不应该做。孩子如果没能做到父母提出的要求，父母也不要认为孩子就是“差”孩子。在家中，父母是他心中的权威，他的言行都受到父母的关怀和指导，因此，家长的言行、对孩子的态度及自身素质，都对孩子心理发展产生重大影响。父母对孩子提出要求的同时，应该对自身也提出更高的要求，“以身作则、言传身教”是最好的教育方法。如果家长有挑食、剩饭的习惯，往往孩子也会存在相同的不良习惯，慢慢地在孩子心中失去了应有的威信。反之，则会收到良好的效果。例如，家长与孩子一起进餐，首先做到拿东西轻拿轻放，与孩子交流时尽量使用手势、表情来暗示、鼓励，与孩子达到一种默契，注意创造一种安静的气氛，让孩子专心愉快地进餐。

2. 关爱孩子，平等对待

孩子的生活需要成人的照顾和爱护，他们的情感需要得到成人的关注，父母应把全部的爱倾注在孩子身上，让孩子感受到温暖。父母与孩子的关系应该是平等的，应尊重孩子的人格，与孩子平等相处，对孩子提出要求时少用命令，多与孩子商量，让孩子感到被成人充分尊重，从而轻松愉快地和家长交往。

3. 感情交流，以诚相待

在与孩子相处的过程中，要善于抓住他的心理，给孩子良好的、不可抗拒的影响。孩子表现不如其他孩子时，父母要开诚布公地与孩子交流。首先，应创造感情交流的环境，让孩子感受到我们的真诚。其次，父母还应学会倾听，倾听时要专注，并直接、迅速地对孩子的需要、愿望等做出反应，努力使自己的反应适合孩子的特点和需要。另外，还应提供给孩子各种不同的交流机会，特别对个性较强、较内向的孩子应主动与其进行个别交流，互相倾诉心里话。作为家长，要常与孩子交心谈心，一起分担忧愁、喜悦，增进感情，促进彼此间友好相处。

4. 讲究艺术，批评适当

批评是家长常用的一种教育手段，能否准确把握孩子心理、讲究批评艺术，结果是大不相同的。批评如果不恰当，会让孩子产生认为自己比任何人都要差的错觉。孩子犯错时，要接受、理解他们行为背后的原因（如抢玩具、打人、撒谎等），要杜绝一些不正确的行为，如冷落、笑话他们、对他们吼叫。可用不满的眼神、脸部表情或摇头，用简短的语言“这样做不对”“你太不应该了”“真可惜”等来批评孩子的不良行为。还可采取个别交流、集体谈话，让孩子明白道理，知道错在哪儿，应怎样做，教孩子学会换位思考，如“假如别人打你，你会觉得怎么样”。切勿打骂孩子，“棍棒底下出孝子”的家教有损孩子的身心健康，难以赢得孩子的尊重，要保护孩子的自尊心，把握分寸。

抽出时间和你的小男子汉单独相处

孩子是喜爱群居的“动物”，也喜欢热闹，对生活中的任何事物都很好奇。有时父母因为工作繁忙不得不离开孩子，让孩子自己玩耍。为了使孩子不形成孤僻的性格，父母每天都应抽出 1~2 小时的时间和孩子单独在一起，可以玩耍和学习，也可以听他们说说自己这一天的经历。孩子的进步需要父母在身边支持和鼓励。

对于很多家庭来说，父母能和孩子相处的时间就是下班回家后直到孩子上床睡觉前。但这么珍贵的几个小时却通常用于做饭、用餐、洗碗、做家务、洗澡或洗衣服。并且，由于这样或那样的事情，父母周末也很难有时间和空间与自己的孩子单独在一起。

想象一下，周末的家里只有自己和孩子，两个人在毫无外界干扰的情况下单独相处一段时间。没有要上门的客人，孩子会很珍惜这次单独和父亲或母亲在一起的机会。

父母必须最大限度地利用每一次与孩子面对面交流的机会。即便是去五金商店买螺栓，或是去商店买一盒牛奶，也要挤出时间来和孩子谈话，聆听他们的心声，不要让日常生活的纷繁琐事打断你们之间的联系。尽量利用这些细小的机会，和孩子说说话。偶尔忘记带伞而被迫淋雨，也要同孩子一起开怀大笑，分享这难得的快乐，这难得的机会必须珍惜。同样也可以安排一些时间让孩子和爷爷、奶奶、外公、外婆单独相处。

33 岁的朱强是香花小学音乐教师，初中毕业时，为分担家庭困难，忍痛放弃大学梦而进了师专。工作后他开始了漫长而艰苦的自学，这时，他已不再仅仅满足于一张曾经梦寐以求的大学文凭，而是为了活得更有价值，为了不断充实和提高自己。他参加声乐进修，为的是做个受学生欢迎和爱戴的好老师；他参加公共关系专科进修，是为了更好地挖掘自己的潜能，使自己生活得绚烂多姿。陪着儿子一起成长，也是他学习的重要内容。

儿子小时候曾因被小调羹戳伤过，因此吃饭用手拿，挑食厉害，动作拖拉，外婆满屋子追着他喂饭。朱强知道这个情况，心里那个急啊，可是自己每天都在外面忙工作，晚上回来已经很晚了，周末又没有时间陪孩子。这让朱强非常为难，终于有一天单位休假，朱强在家休息，于是他让妈妈和外婆都出门，自己陪着儿子吃饭。这次，他坚决让儿子使用勺子自己吃，过了很长时间儿子吃完后，朱强笑笑拍拍他的肩膀：“对，这才像个男子汉！来，拉拉钩，自己吃饭多能干！”这次以后，儿子吃饭都自己用勺子吃，不用外婆追着喂了。

朱强发现儿子有着非常丰富的想象力，为了发展儿子的想象

空间，每晚回来后，第一件事就是给儿子讲故事，这便成了他们家雷打不动的习惯。朱强宁可自己每天2小时的自学时间挪后，或者挤掉宝贵的睡眠时间。因为给儿子讲故事这个任务还真不简单，故事不能重复、不能遗漏，还要创编，并且是由儿子命题，或者儿子开个头，爸爸口头作文，稍不留神便让儿子抓住把柄，只能从头再来。为此，他常常光顾少儿图书柜，与儿子一起研究“奥特曼”和“宇宙大战”，留意各种新式武器、车辆、玩具。晚上看新闻时，父子俩会饶有兴致地评论上好一会儿。他与儿子讨论“十万个为什么”，翻找大量教育学、心理学著作，而且时时将育儿感悟记录下来。

朱强要声乐考试了，按键听音需要儿子帮忙。于是，周末午饭后，朱强都让儿子按键，若是稍有走音，儿子的小耳朵就听出来了。朱强说：“与儿子在一起的时光是这么的美好，我无论工作多忙，都会每天抽出时间陪着他一起度过一段时光。”

这是父亲抽出时间和孩子在一起度过美好时光的例子，母亲、外婆、奶奶或者爷爷等家长都可以抽出时间与孩子一起度过一段时光，孩子知道每个人的喜好，也能真正地了解每一个人家庭成员，这样的孩子会知道如何感恩，知道如何生活，知道如何走将来的路。

在了解孩子的同时，让孩子了解你

在家庭教育中，沟通是家庭教育中连接父母和子女的桥梁，父母和孩子之间，通常因为年龄的差异，而对事物有不同的理解。因此，父母教育孩子的过程中，以理解支持的心态来应对是最重要的原则。

章某，博士学历，年轻时做过高校教师，后来下海经营公司，目前已经是某大型企业高管。儿子 15 岁了，在重点中学上初二。孩子在上中学前，有什么事都愿意和爸爸说，沟通一直比较好。自从儿子上了初中，章某发现与儿子沟通越来越困难，自己说的话儿子不爱听，孩子总是坚持自己的意见，两人经常为一点小事不欢而散。

一次，父子俩一起看电视，没过一会儿，爷儿俩就产生了分歧，儿子还说："你懂什么啊！"之后摔门而去，留下章某怔怔地站在客厅里待了半天，百思不得其解。"我到底犯了什么错？孩子怎么这样对我？""好歹我也是读过书的人，怎么与孩子的交流这么困难呢？"

家长应该调整好自己的心态，重视沟通过程中的一些方法，使沟通变得更有效。

1. 让孩子知道你在关注他

有些父母给予孩子的总是一种“有条件的积极关注”。也就是说，只有孩子满足了父母的条件时，才爱他们、关心他们。一旦不满足自己的条件，就把爱收回。

这样的后果是，孩子学会抛弃自己的真实感情和愿望，而只接受父母赞许的那部分自我，最终变得不能了解自己，不能成为完善的人。

父母需要学会给予孩子无条件的积极关注。《阿甘正传》深受大家喜爱。其实，在这部影片中，不仅阿甘精神值得大家学习，阿甘的母亲更是天下父母的好榜样，她对阿甘无条件的爱和关注促成了阿甘的成功。她给予阿甘的暗示是“无论你怎么样，你永远是妈妈的好孩子”。

2. 耐心倾听，在发表看法前先了解孩子的想法

如果家长没有良好的倾听态度，就会影响沟通的效果。如果孩子心目中的困扰能向爱自己的父母说出来，通常问题就解决了一半。对孩子来说，随时有人倾听自己、关注自己，这是一种最大的心理支持。

父母需要做的是及时、敏感地观察孩子的情绪，一旦发现孩子情绪低落或无缘无故地发脾气时，就要创造一个良好的谈话氛围，给孩子倾诉的机会，然后耐心倾听。要是父母能全神贯注地听，并对孩子的话表现出极大的兴趣，就能使孩子感受到自己被尊重，满足了孩子这一时期强烈的渴望被尊重的心理需要。

有的父母在倾听时过分关注孩子所讲的是否与自己的想法一致，没有耐心听完，就开始发表自己的意见。有的会觉得孩子所说的都是一些小事，会表现出心不在焉，而当孩子向家长述说自己面对失败、挫折的感受时，家长又难以做到心平气和，经常会不由自主地埋怨、训斥，或是要求孩子听取成人的意见。

一个良好的倾听者需要全身心地投入，对对方讲的内容，事先不加入任何价值判断，耐心地倾听对方的述说。这种良好的倾听习惯，可以使对方感受到尊重，通过倾诉在情感上得到宣泄。其实，孩子对自己的行为、思想都有了基本的判断能力，有时只是渴望有人倾听。而家长的倾听可以帮助孩子把潜意识中的“心理负担”上升到意识层面，通过倾诉得到释放，让孩子感受到父母的理解与支持。

3. 对孩子表示宽容和理解，让孩子体会家庭中的民主气氛

与孩子进行积极沟通，在坚持“少说多听”的同时，也要通过自身的表达让孩子了解家长的想法。家长在理解孩子的前提下，与孩子进行深入的沟通，孩子会感受到家长对自己的支持，家长有时急于将自己的愿望、主张表达出来，孩子就会表现出不耐烦，甚至反感，使沟通难以继续下去。

青春期的孩子虽然有了很多自己的想法和主张，但从内心里他们对家长还是很依赖，希望得到家长的理解和重视，渴望得到家人情感上的支持。因此，在理解孩子的基础上，以“开放式”的方式，如“什么”“怎样”“为什么”等形式发问，其实就是鼓励孩子根据自己的实际情况做出回答，可以给孩子提供表现自己、抒发情感的机会。而当孩子遇到挫折，并有消极的想法时，家长也不要急于讲道理，应以情感表达为重，可以用理解的语气表达“这件事换成我也不好受……”“这对你来说确实很难……”当家长做出这样的反应时，孩子感到了被理解和支持，就会尽情倾诉内心的苦闷。等孩子情绪稳定之后，再与孩子一起探讨解决问题的各种方法，让孩子做出判断和选择。

4. 父母可以通过身体语言，让孩子知道自己被认同

在倾听的过程中，除了语言的支持，还要重视非言语性活动的作用。目光的接触，身体的动作，空间的距离都会传递家长的态度。家长要避免

在与孩子的沟通中过多地表现出自我中心和权威意识。父母过强的权威意识易使孩子产生心理上的分离、不信任和抵触情绪，不利于建立有益的沟通渠道。父母在权威意识支配下与孩子进行沟通，其实质是伪沟通。孩子能通过家长的身体语言感受到家长的态度，如目光的游离、紧皱的眉头，紧张的身体状态都会向孩子传递出家长的“权威态度”。在与孩子的沟通过程中，善意的目光、亲切的表情、点头微笑，都会向孩子表示父母对他的谈话感兴趣，并有支持鼓励的意味，同时也像是在告诉他，“孩子，我在听你说话，我理解你的想法”。让孩子感受到他的每一句话你都感兴趣，这其实也是对孩子独立人格的尊重和理解，这样可以满足孩子强烈的心理需求。孩子感受到这种真诚的态度，就会与父母无话不谈，愿意大胆地进行自我开放，尽情地倾诉，充分地宣泄。

让孩子拥有一颗感恩的心

中国自古以来就有“知恩不报非君子”“滴水之恩当涌泉相报”的古训。孩子不仅应该孝敬父母，尊敬师长，而且对于曾经帮助过自己的人，也应该发自内心地感激。感恩是每个人都应该有的基本道德准则，是做人起码的修养。不会感恩或者不愿意感恩的人是缺乏情感的，是不受欢迎的。因此，父母要培养孩子感激他人的习惯，孩子才能成为一个人人欢迎、人人喜爱的人。

从教育的规律与孩子的心智特点来看，孩子是需要鼓励的。其实，孩子做了好事，不仅希望得到家长与受惠者的表扬，也希望得到老师、同学与周围人群的肯定，而且后者的肯定对孩子来讲更为重要，更能激励孩子健康成长。如果失主吝于感恩，不注意宣传、保护这种精神，难免会挫伤孩子做好事的积极性。

让孩子明白做好事既光荣，也会被人感恩。拾金不昧充分体现了孩子高尚的道德情操和精神风貌。一封并不需要失主付出多少心血与劳动的感谢信，不仅是对拾金不昧孩子的鼓励与赞美，让孩子明白助人的光荣与感恩的重要，也是对其他孩子的教育与引导，还可推动助人与感恩社会氛围的发育。

但是我国有一些家庭，对于孩子在道德教育和感恩教育等方面却有所忽视。不仅有孩子不愿意做好人好事，接受他人恩惠的人不懂得感恩，就是对生养自己的父母往往也吝惜感恩之情。

武汉一名在寄宿制学校读书的学生给父亲发短信要钱，内容只有三个字："爸：钱。儿。"对孩子十分疼爱的父亲看罢心酸不已。

家长表示感慨和担忧：青少年缺少感恩之心的情况较普遍。感恩是一种交往的哲学，英国作家萨克雷说："生活就是一面镜子，你笑，它也笑；你哭，它也哭。你感谢生活，生活将赐予你灿烂的阳光；你不感谢，只知一味地怨天尤人，最终可能一无所有！"是的，孩子如果习惯于感谢他人，他将得到他人的信任和喜欢。孩子如果习惯于感谢生活，他将得到生活的眷顾和宠爱。

1. 让孩子理解父母

很多父母习惯把自己的辛苦隐藏起来，呈现给孩子的总是生活中最高兴、最舒适的一面，以为这是对孩子最无私的爱。事实上，他们可能忽略了一个重要的问题，那就是，孩子们将看不到生活的真实面目，从而对幸福、对父母、对他人缺少了一份理解和感激。因此，明智的父母要学会培养孩子从小就理解父母的习惯。

2. 教孩子感谢父母

生活中，许多父母都只知道无限地为孩子付出，却从来不知道应该教孩子感谢父母，对父母有所回报。这样的孩子往往是自私的，只有懂得感谢父母、回报父母的孩子才能够感谢其他人、回报社会。

这是一位母亲引导孩子主动去感谢父母的故事：

母亲非常喜欢仙人球，她经常给儿子讲养花草的好处。有一次，她带儿子去逛花市，看了各种各样的仙人球，但是，她只是问了价钱，却没有买。她对儿子说："这仙人球好看是好看，就是太贵了。"

回到家后，母亲似乎一直惦记着那些仙人球。没过几天就是母亲节了，铺天盖地的广告都在教子女孝敬母亲。母亲节那天，这位母亲刚回家就看到了放在桌子上的仙人球，还有儿子的一封信。儿子是这样写的："妈妈，你养育了我 15 年，我无以为报，我知道您很喜欢仙人球，就给您买了一盆，这代表了儿子对您的感激之情。"

3. 教孩子感谢师长

高尔基说："如果你在任何时候、任何地方，留给人们的都是些美好的东西——鲜花、思想，以及对你的非常美好的回忆——那你的生活将会轻松而愉快。那时你就会感到所有的人都需要你，这种感觉使你成为一个心灵丰富的人。"

老师是给予我们知识的人，是给予我们打开知识宝库钥匙的人。许多取得巨大成就的人都非常注重感谢老师。

陈景润是我国著名的数学家。1950 年至 1953 年他在厦门大学数学系学习时，李文清先生是他的数学老师。陈景润非常感激这位曾经鼓励自己向"哥德巴赫猜想"进军的好老师。

有一次，陈景润去拜访李文清教授。李文清教授把陈景润让进了客厅。陈景润对李老师说："我到北京后，一直想着老师的培养和教育。现在搞研究工作，总觉得以前老师的指导和培养是非常重要的，基础是老师帮我打下的。"

接着，陈景润把最近发表的数学论文送给李老师审阅。在论文的扉页上，他已工工整整写下：

尊敬的李文清教授：

非常感谢老师的长期指导和培养。

学生陈景润

他还从黑挂包中拿出一包北京糖果、一套国画图片、一支烫着“全国人民代表大会”金字的铅笔送上。临别时，陈景润一再要求老师多给他写信，给予指导。

教育孩子感谢师长，要从小事做起。比如尊敬老师，不给老师添麻烦，为老师擦黑板，给老师倒茶等。尤其是要教育孩子好好学习，回报老师的教导。

第3章 男孩强大在于不断学习积累

你要让男孩变得自信、坚强，就应该赋予他们相应的能力，而要想达到这一目的就要想办法引导他们不断地学习，为他们的将来积蓄能量，才能够让他们有信心、有勇气面对来自生活的各种变故。

让孩子认识到时间的珍贵

普天之下，所有父母的共同心愿就是“望子成龙，望女成凤”。但父母对子女教育的角度不同，导致效果各异。为了培养孩子成才，实现自己的愿望，父母就在珍惜时间观念上下工夫。曾国藩说：“天可补，海可填，南山可移。日月既往，不可复追。”这句话是劝诫世人珍惜时间。时间就是金钱，时间就是生命，懂得珍惜时间比珍惜金钱还宝贵。

施良上初三，是个十分优秀的中学生。施良在介绍自己的学习经验时说道：“我的许多学习和生活的好习惯，和小时候妈妈对我的培养观念是分不开的。记得我很小的时候，妈妈就让我戴手表，不是为了漂亮，而是让我从小就有时间概念，让我牢牢把握并运用好时间。为此，妈妈还特地给我列出一张时间表：起床、睡觉、吃饭、休息等规定，一切按时间表行事。妈妈还叫我记录从起床到上学的时间，每天作对比。小时候我的身体很差，常上医院求医，每次去医院就分担任务，妈妈去停车时，让我去挂号处排队，车子停好就可顺利地挂好号，等拿到处方时，妈妈排队付药费，叫我去领药处排队。”

施良的妈妈认为，这么培养孩子的时间观念，不仅减轻大人负担，而且也节约了时间，更重要的是锻炼了孩子的能力，增强了时间观念，慢慢地使孩子领悟到时间是生命赐予人们最丰厚的礼物。时间可以使幼小的孩子成长为强健的青年，时间可以使孩子从牙牙学语开始，逐渐拥有独立的思维和独到的见解。“经过我长期潜移默化地培养训练，他的时间观念加强了。他在等车、上厕所时，都会利用时间去读英语单词；甚至为了节约时间，上街买学习和生活用品，他都是一次搞定，不会浪费一分钟。总之，时间在他心目中占了重要地位，他把时间与学习、生活和生命紧紧联系在一起。”

要想孩子成为一个对社会有用的人，就应该让孩子从小紧紧把握好时间这一关，从珍惜时间、培养良好习惯开始。正所谓“盛年不重来，一日难再晨。及时当勉励，岁月不待人”。

1. 增强孩子的时间意识

家长可以用名人珍惜时间的事例来教育孩子，从而使孩子认识时间的价值。

毛泽东青年时代在长沙求学时，每逢节假日，总是到图书馆去读书，早晨最早进去，傍晚又是最晚出来，他就是这样珍惜时间来学习，从而为日后领导中国人民的解放事业积累了丰富渊博的知识。鲁迅先生更是惜时如命。他把随意占用浪费他人时间的行为视为“谋财害命”。

通过事例，使孩子逐步认识到珍惜时间的重要性，逐步树立时间观念，增强时间意识，从而在学习、生活中养成珍惜时间的习惯。

2. 让孩子自己承担耽误时间的责任

我国现在很多孩子是独生子女，在家里唯我独尊，做起事情来磨蹭拖拉，不珍惜时间，这些毛病与家长的娇惯有很大的关系。例如，爱睡懒觉的孩子大多是作息时间安排不合理，早晨呼叫一遍不醒，呼叫两遍不起，等家长叫了第三遍才起来，一看表，才知道时间不早了，于是父母帮助急忙穿衣，准备书包，甚至连早饭都来不及吃就上学去了。父母这样做，实际上不利于培养孩子的时间观念，而且助长孩子依赖家长的懒惰习惯。其实，父母可以这样实验一下：在孩子的床头放一个小闹钟，并向孩子申明家长不再来催他起床，早晨闹钟响，就自己起床，假如起床晚了，就没有时间吃早饭，假如拖拉的时间多了，就会上学迟到，就会受到老师的批评。如果孩子能按家长的要求做，那么，他就会逐步养成按时起床的习惯；否则，就会因为睡懒觉，不按时起床而受到“惩罚”——吃不上早饭、迟到、受批评。一旦孩子品尝到耽误时间的苦果，心里自然会不舒服，自然会吸取教训，今后重犯的可能性就小了。

3. 让孩子学会合理安排时间

家长要注意观察孩子平时是怎样利用时间的，表扬其合理利用时间，批评其浪费时间，向他提出合理安排时间的建议，如一个星期看几次电视，读几篇文学作品，以至于每天晚上先做作业还是先整理自己的书房（或自己桌子上的物品等），使孩子体验巧用时间之妙。同时，也可以帮助孩子制定一个合理的作息时间表，要求孩子按作息时间表学习、生活、游戏。开始时，也许孩子不能严格遵守作息时间的规定，家长可以帮助督促他逐步适应，最后自

觉遵守。

4. 教育孩子，学会集中精力做事，别浪费时间

有的孩子做事情时三心二意，甚至边玩边干，这是最浪费时间的。父母应让孩子明白，学习的时候就专心学习，玩的时候就玩，而且事情要一件一件地做，不可一心二用，为此，父母要指导孩子养成做事善始善终的习惯。比如打扫卫生，就要在规定的时间内把房间里的每件东西都摆放在合适的位置。然后清扫地面、擦抹桌凳，也不能忘记倒掉垃圾。房间没清扫完毕，不能停下来玩或干别的。一件事情做好了，家长要给予表扬，强化他的行为习惯。如果没做好，就要批评或让他重做。对于高效地完成任务节约下来的时间，应让他自己支配，以示“奖励”。居里夫人对孩子就是这样，布置任务时总是告诉女儿：“干完了你随便玩。”

这样，不但有利于调动孩子完成任务的积极性，而且有利于养成孩子在规定时间内集中精力做好一件事的习惯。

跟你家的小男子汉一起制订学习计划

学习的过程是孤独的，耐得住寂寞的人才能与书为伴，家长为了让孩子养成良好的学习习惯，需要与孩子一起制订行之有效的学习计划，步步为营，打下扎实的基础，以培养孩子积极进取和勤奋的学习态度。

吴小磊，一个普通的孩子，从北京大学毕业后，拿到英国剑桥大学的录取通知书。这与他的父母从小培养其勤奋学习的习惯是分不开的。吴小磊是一个勤奋的男孩，他看不起那些凡事总想不劳而获的人。他信奉一条原则：99%的汗水加1%的天分才会成功。

小时候，父母就用“头悬梁，锥刺股”的故事来教育他。上高中后，他制订了学习计划，时刻像一头勤奋的耕牛，埋头于学习中。

他每天都要从早忙到晚。早晨5点多起床，要在6点半之前赶到学校上早自习。早上的一、二节课，都是在紧张的状态中度过的。

在他小时候，爸爸妈妈就让他长久地做某一件事，比如说每天早上深呼吸10次，但是要天天坚持，不能有一天落下，否则就会受到惩罚，以此锻炼孩子的耐力。上学之后，父母时刻告诉他什么时间干什么事，要有明确目标，力争今日事今日毕，不要等明天，这养成了他珍惜时间的好习惯。

有一次期中考试，他的成绩十分不理想，父母并不是简单地责骂他，而是坐下来与他一起分析考试成绩不好的根本原因。后来，家长与孩子的意见达到了一致，认为是时间安排不够合理造成的成绩下滑。在父母的帮助下，他制定了一个时间表，在家什么时间起床，什么时间上学，什么时间放学回来，什么时间休息、睡觉，复习功课用多长时间等，要通盘考虑，合理安排，忙而不乱。他从此认真遵守，持之以恒。

早晨5：30	起床、洗漱、吃早饭
6：30	早读，然后按学校安排上课，课间要到室外去散散步
12：00	午饭、午觉
下午1：00	起床、上学
晚上5：30	放学后，跑步20分钟回家
6：10～7：00	预习英语(要记住新单词和读熟课文)
7：00	吃晚饭
7：30	自学数学和其他科目(其中，一定要注意查清自己没有理解的知识点)
9：00	复习前一天学习的知识

注：每周末，要总结一次各科知识点，并把自己做错的题目记在一个本子上，并且一定要注明当时做错了的原因。

逐渐地，这套学习计划成了吴小磊的习惯。这期间，吴小磊经常为了理解自己没有弄懂的知识点而一次次地学习到深夜。几年的中学时光，他都是在坚持自己的时间计划中度过的。后来，吴小磊常常在老师讲例题时作一些补充，把同学们惊得目瞪口呆。

终于，在期终考试中，吴小磊名列全校第一名。当同学们以羡慕的眼光看吴小磊时，班主任同样惊讶吴小磊在学习中的明显进步。他仔细研究了吴小磊的试卷，发现吴小磊解题的许多方法都不是老师在课堂上讲的。他问吴小磊平时是如何学习的，吴小磊告诉了他自己的学习计划，让老师也为之大开眼界。

家长和老师在为孩子安排学习计划的时候，一定要注意张弛有度。不要把时间全部都安排在学习上，连星期天也不准许玩。要劳逸结合，根据孩子的年龄特点安排玩耍的时间，以利于孩子的身心健康发展。

除此之外，还要充分利用最佳时间。儿童时期，孩子的大脑发育尚不完善，比起成人来容易疲劳。他们记忆力好，但不宜进行长时间的学习。一天最佳的学习时间是在上午 9:00 ~ 11:00，下午 3:30 ~ 5:30，中午应让孩子有 2 个多小时的休息时间。

晚上做作业，复习功课，也不宜时间过长。时间过长，会影响孩子入睡。家长要及时检查孩子对时间的使用，有了一个时间表，可以使孩子学习、生活有秩序地进行。

男孩子多动，更需要培养注意力

人们常说一心不能二用，说的便是专注力的问题。一个人能专心地把手头的事情做完，说明他对此事的关注，也说明他有坚持做完一件事的毅力。孩子好奇心强，可能对许多事物都有兴趣，但往往很难专注于某事，浅尝辄止，结果一事无成。

有一天，时间已很晚了，地质学家李四光还没有回家。女儿来叫他回家吃饭，谁知他却一边专心地工作，一边亲切地说："小姑娘，这么晚了还不回家，你妈妈不着急吗？"等到女儿再次喊"爸爸，妈妈让你回家吃晚饭"时，他抬起头，不由得笑了，小姑娘不是别人，正是自己的宝贝女儿。

我国的数学家陈景润一边走路，一边想他的数学问题，不知不觉中和什么东西撞上了，他连声说"对不起"，却没听到对方反应，抬头一看，原来是棵大树。

孩子能否集中精力与父母的教育、教养的态度和方法分不开，正所谓成功孩子的背后总会站着伟大的父母。所以，要想提高孩子的学习成绩，培养和开发他们的智力，第一步就要注意培养和训练他们的注意力，养成专心致志的习惯。要不然，其他的训练只能是事倍功半，甚至徒劳而无功。

有的父母存在浮躁心理，喜欢攀比，见别人的孩子学啥，也要让自己的孩子学，恨不得天下所有的知识都要孩子知晓，所有的技能、特长都要孩子掌握。这只会造成孩子看起来什么都会，却无一技之长。孩子可能对很多事都有兴趣，但往往很难专注于某事——未全身心地投入进去，永远只能在目标的外围徘徊，难以取得理想的成就。

因此，培养孩子善于集中注意力，这对任何一种活动，尤其是脑力劳动具有非常大的意义。能做到注意力集中的孩子，不但完成作业比较快，而且完成得比较好，效率高。那些做事马虎、粗枝大叶的孩子主要是由于注意力不够集中，没能仔细地看准习题的要求和提供的条件。而且，善于集中注意力的孩子学习起来比较省劲，效果好，也因此有更多的时间来休息和娱乐。

有的父母因为孩子的注意力不够集中而在旁边“站岗”，这不是长久而行之有效的办法，长期如此，还会使孩子产生依赖心理。此外，孩子的注意力跟情绪有很大关系，因此父母应该创造一个平和、安宁、温馨的学习环境。

声音嘈杂的环境，杂乱无章的屋子，不正常的家庭生活，所有这一切都会严重地影响孩子的注意力。同时，父母应该了解，能否集中注意力也与孩子的年龄有关。研究表明，注意力稳定的时间分别为：5 ~ 10 岁孩子是 20 分钟，10~12 岁孩子是 25 分钟，12 岁以上孩子是 30 分钟。所以，如果想让 10 岁的孩子坐在那里 60 分钟专注地完成作业几乎是不可能的。

为此，给孩子一个安静整洁的学习环境，就显得格外重要。孩子的书桌上除了文具和书籍外，不应摆放其他物品，以免分散他的注意力。抽屉、柜子最好上锁，免得他随时都可能打开，在没完成作业的情况下去清理抽屉。书桌前方除了张贴与学习有关的如地图、公式、拼音表格外，不应张贴其他吸引孩子注意力的东西。女孩的书桌上也不应放镜子，不让她有时间顾影“自美”，更不能允许孩子一边看电视，一边做作业。

有些父母对孩子不放心，一件事总要反复讲好几遍，这样孩子就习惯于一件事反复听好几遍。当老师只讲一遍时，就容易没听见或没听清，这样漫不经心的听课常使得孩子不能很好地理解老师讲的内容，无法遵守老师的要求，自然也就谈不上取得好的学习效果。父母对孩子交代事情时只讲一遍，也是培养孩子注意力的一种方法。

善于激发男孩子强盛的求知欲

孩子的求知欲是好奇心的主要表现，也是孩子对学习喜好程度的表现。父母要在生活中注意激发孩子的求知欲，在家庭教育中不断满足孩子的求知欲，提高其自主学习的积极性。

“好知者”的主要特点是求知欲旺盛，为完成学习任务锲而不舍，百折不回，把学习当作自己生命的一部分。热爱是一种情感，是一种强烈、稳固、持久的动力。热爱学习就会使人像登山运动员一样，别无选择地拼命向上攀登。热爱学习，就会使人像拳击运动员一样拼命进攻，没有后退的余地，把每一个困难都看成一次取得成功的机会，每一次挫折都看成通向胜利的转折点。

在美国，一个中学生曾经碰到过这样一份作业：“你认为谁对这场战争负有责任？”“你认为纳粹德国失败的原因是什么？”“如果你是杜鲁门总统的高级顾问，你将对美国投放原子弹持什么意见？”“你是否认为当时只有投放原子弹一个办法去结束战争？”“你认为今天避免战争的最好办法是什么？”……

父亲的第一个反应就是：“这哪是作业，分明是竞选参议员的前期训练！”然而，这个父亲并没有立刻抱怨，而是静下心来寻思其中的道理。他发现，老师正是在这一连串设问之中，向孩子们传输一种人道主义的价值观，引导孩子们去关注人类的命运，让孩子们学习高屋建瓴地思考重大问题的方法。

这些问题在课堂上都没有标准答案，它的答案可能需要孩子们用一生去寻找。父亲看着 12 岁的儿子为完成这些作业兴致勃勃看书查资料的样子，不禁想起了当年自己学“二战史”的情形：按照年代、事件死记硬背，对书中的结论明明质疑也当作标准答案，不然就无法通过考试，拿不到文凭。他不由得发出了一声感叹：“我们在追求知识的过程中，重复前人的结论往往大大多于自己的思考。而没有自己的思考，就难有新的创造。”

求知欲来自于主动探索和独立思考，主动追求知识的前提条件，必须是知识能带来快乐，而不是挫折。为了增强孩子的求知欲，父母应该努力帮助孩子，不断获得知识的欢乐。

家长培养孩子的求知欲，一定要时刻激励孩子，让他们品尝到知识带来的快乐，从而坚定自己的信心，越学越有乐趣，越学越有一种强烈的欲望。

求知欲实际就是掌握知识的能力，在自己的心里编织一张知识的网，并通过不断地学习来弥补漏洞。只有凭借强烈的求知欲，孩子才

不会在无边的题海中迷失方向，真正掌握知识。

还有，当孩子提出一个问题，他的好奇心就是在渴求知识，必须予以鼓励，借此机会，可以鼓励孩子寻求更多的知识。适当地引导，就能让他爱上知识、爱上学习。如果父母无法解答孩子提出的问题，应该直接承认自己不懂，并且和孩子一起查找资料，共同寻找问题的答案。这样，可以让孩子明白没有解决不了的问题。当以后遇到不会做的题目，他就会认为，是自己的努力还不够，而不是因为自己笨。

在培养男孩自觉性的同时予以适当督促

人无完人，尤其是孩子。孩子年纪小，注意力很容易被新奇的事物分散，这没有什么奇怪，可如果父母一味地纵容孩子，会对孩子造成不良的影响。父母应当时刻关注孩子的学习漏洞，并帮助他们迎头赶上。

小钟玩心很重，注意力难以长时间集中，心思老不在学习上。电视中一有什么好节目，他就千方百计过去看，父母不让，他就发誓，我今天的学习任务保证完成。结果，等看完电视，他也累了，作业没写完人就已经打瞌睡了。

爸爸要让他坚持做完，但妈妈心疼他，想让他早点休息，结果他又跟父母许诺，我明天早上早点起来，抓紧时间把作业做完。而真到第二天早上，他又赖在床上不肯起，等好不容易磨蹭起来了，又到了上学的时间。后来爸爸订了一个规矩，晚上作业没写完绝对不许看电视。

结果，电视他是看不上了，却又迷上了武侠小说。他还把书放在抽屉里，打开抽屉看书，桌面上放的是课本和作业。要不就在抽屉里放一个游戏机，抓紧时间偷偷玩。桌上还放一个镜子，是为了通过镜子的反光观察父母有没有进屋。

爸爸发现了几次，没收了游戏机和好几本书，连镜子也收走了，结果他就把眼镜摘下来，通过眼镜的反光来观察门口。

小钟的问题是自己没有从心里面认识到，学习是为了自己。父母虽然逼得很紧，但这却形成了一场无休止的猫捉老鼠的游戏，好像孩子是为父母学的。

事实上，学习是自己的事，如果孩子不能从自己心里面下决心，任何管教都不可能起到真正的作用。正因为没有把学习看成自己的事，小钟才会千方百计偷懒，觉得学习是件苦差事。

结果，每天偷一点小懒，时间一长，成绩上就落后了一大截，而且再也追不上别的同学了。积累知识，其实就像打造一根链条，只要一个环节脱落了，后面的就很难再连上，再怎么学，也难以形成整体的知识结构，只能成为一盘散沙。

对此，家长应该给孩子适当的指导与压力，帮助孩子保证学习时间，改掉偷懒的坏毛病。偷懒是一个很严重的问题，这并不单单表现在学习成绩下降上。长此以往，孩子以后做任何事情，都会养成拖拉的作风，最终将一事无成。

如果孩子能坚持每天保证学习时间，家长应当隔段时间适当给予奖励。如果孩子不能保证学习的时间，家长可以用减少零用钱等手段作为惩罚。奖罚条件，应当跟孩子共同协商决定，得到孩子的认可。

当孩子的心思不在学习上，出现厌倦情绪时，家长可以陪孩子一起学习，以保证他的学习时间。做题时，可以让孩子说出自己的解题思路，家长不断提问，促使孩子深入思考。复习时，可以让孩子给父母讲解学到的知识，父母通过不断提问，来检查孩子知识上的漏洞。

小雨在学习上很轻松，课间就好好地休息，中午通常都午休，吃完晚饭通常也不是立刻捧起课本，而是先适当休息十几分钟。他晚上从来不熬夜，每天早睡早起，而且早上也不像别的同学那样，只知道捧着书苦读，而是天天坚持出去跑步。

他的学习计划是自己制订的，执行过程中不需要父母监督，完全靠自觉。每天放学前的自习，他不是像别的同学那样先写作业，而是先把当天的学习笔记过一遍，看看有没有什么不理解的地方，有问题就向同学请教。

放学的时候，别的同学已经写完一半作业了，而他虽然写得没有别人多，却已经把当天学到的知识消化吸收了一遍。因为基本都理解了，写作业的时候就更快，通常能在 2 个小时以内写完，最后再把当天的课程复习一遍。

正是因为学得比较扎实，因此老师讲新课的时候他理解吸收得更容易，课堂上也常常举手回答问题。期末考试的时候，他得了全班第一。老师让他介绍经验，他说："很多同学都学得比我辛苦，花的时间比我多，但效果不一定是最好的。无论作业再多，我每天都坚持把当天学到的知识复习两遍，尽量把自己的漏洞补上，这个习惯从来没有间断过。结果越往后学，就觉得越轻松。"

小雨的学习方法可以用一句话概括，就是每天保证复习的时间来巩固自己学到的知识。在十分紧张的学习生活中，这确实是一种简便易行的办法，只要能坚持下来，会学得越来越轻松。

循循诱导，帮孩子选择合适的学习方法

成功可以有无数种定义，成功的途径更是千变万化。传统的智力只围绕着狭隘的大脑能力打转，智力能够预测课堂和学业上的成绩，但对于学术以外广大的生活领域、对于整体人生的成就，没有多少关系。

哈佛大学教授心理学家霍华德·加德纳提出了影响深远的多元智能理论。他指出，过去我们对智力下的定义失之褊狭，人生的成就并非取决于单一的智力，而是多方面的智能。智能主要归为以下七大类：语言、数学概念、空间、体能、音乐才华、人际技巧、透视心灵。

这种多面向的智能观，更加完整、全面地呈现出孩子的潜力，帮助家长和老师更准确地了解孩子将来可能取得哪方面的成就。教育对孩子最大的帮助，是引导他们走入适合自己的领域，使其潜能得以发挥，从而获得最大的成就感。家长和老师应该做的是减少评比，多花心力找出每个人的天赋加以培养。

小王原是北京市昌平区某学校的学生，在校期间曾多次获得“三好学生”称号，后来转到北京市101中学。一个学期后，父亲王祥发现，孩子的学习劲头明显低于上学期。在家长会上和班主任及各科老师交谈，得知

他不像以前那样积极主动地回答问题了。

知道这种情况后，父亲并没有责骂孩子，而是反复耐心地找孩子谈心，终于得知，小王是在模仿一种“放松式”的学习方法。

父亲说，“放松式”学习方法是学习方法的一种，可这种方法因人而异，对你不太适用。你是勤奋的孩子，必须以勤为本，再加刻苦努力，才能实现自己的理想，一分辛苦，一分收获，不劳而获是不可能的，只有不畏艰辛，才能达到知识顶峰，没有任何捷径。你可以坚持你的“放松式”学习方法，到期末考试成绩出来后，你就会自动放弃这种学习方式。

到学期结束，果然让父亲说中了，这时父亲并没有埋怨孩子，只是拍拍他的肩膀，心平气和地说：“孩子，这也是你在学习中的一次失误，加把劲，修改自己的学习方法。”

父亲不发脾气，是因为知道小王的自尊心很强。而这种点到为止、不追究根源的方法，反而使孩子很容易就接受了父亲的意见，改变了学习的方式。父亲总结说，人不可能十全十美，也不会是全能，人生的价值追求主要体现在通过自己的努力，达到力所能及的目标，而不是片面地去追求完美无缺。

对孩子的“过”和“失”，老师和家长要持理解的态度，及时寻找原因，既不自欺欺人，也不将其认为是天塌地陷的大事，而是以积极的态度和方式去应对现实，教给孩子自信，去战胜“过”与“失”。

在这个例子中，父亲最了不起的地方，是没有强迫孩子按照自己的意愿改变学习方法，而是允许孩子尝试，允许孩子失败，也允许孩子从跌倒的地方爬起来。家长的理解和支持，是孩子取得好成绩的最大动力。

事实上，当小王重新选择原来的学习方法后，会从失败的尝试中吸取合理的部分，对原来的方法也是一种完善和补充。而在这种有成功有失败的尝试中，他的成绩肯定会越来越好。

家长鼓励孩子在学习方法上进行尝试和创新并没有错，没有尝试和创新，孩子永远找不到最适合自己的学习方法。因此，家长应该对孩子的探索报以鼓励。这样能让孩子根据自己的实际情况，来主动寻找最有效的学习方法，克服困难，取得最大的成功。

同时，家长和老师也应该帮助孩子认识自己。父母应该细心观察，看自己的孩子适合什么样的学习方式，怎样提高自己的综合实力与水平，并把自己的看法随时和孩子沟通。当孩子出现成绩下降时，首先要和孩子共同讨论，在综合智能水平的提高上是否存在可以改进的地方，如何改进能取得更好的效果。这样能帮助孩子摆脱成绩下降带来的心理阴影，重新建立自信心。

让孩子养成勤于读书、逸于作文的习惯

如果孩子一门心思只关注课堂上所学的知识，而不关心其他与学习非直接关联的事物，孩子极有可能成为一个“一心只读圣贤书，两耳不闻窗外事”的书呆子，而此类型的人以后的生活之路也许会异常艰辛，只因为其知识体系过于单一。

在某高中，学生王伟进校时成绩优异。但他本人只在乎课本里的东西，其他的知识一概不去过问，知识体系单一，导致其学习成绩渐渐下降。虽然学习努力刻苦，但还是未能摆脱高考失败的命运。

而班内另一名同学徐亮，兴趣广泛，从世界名著到武侠小说都喜欢涉猎，并且他能把课外的东西应用于课内，学习成绩稳定。

青少年在学习过程中都会遇到这个问题——该不该读与学习基本无关的书。

其实，读些与学习无关的书可以丰富一个人的阅历，扩充知识面。在读这些书的过程中，是有很大收获的。适当地读一些与学习无关的书不但不会降低学生的成绩，反而还能对课堂里老师教授的知识作一种补充。当然，整日沉浸在武侠和粗制滥造的感情小说中的同学除外。与学习无关的

书，也分为很多种，有些能让读者受益，也有一些能使判断力和抵制力都不强的青少年整日陷入一种不切实际的幻想中，在白马王子和大侠的世界中失去真实的自己。

孩子还很年轻，对书的判别会出现这样那样的问题。家长应给予适当的帮助，帮助孩子寻找合适的书，哪怕是弘扬正义的武侠小说或者委婉缠绵的爱情小说，只要孩子感受到书中的正义勇敢或者崇高的爱情，这些书也未必就是孩子成绩的绊脚石。这反而会使他们感觉到，世界那么大，要更多地了解外界。

培根曾经说过，当你孤独时，读书可以作为消遣；当你高谈阔论时，读书可以作为装潢；当你处世行事时，正确运用知识就意味着力量。一个人能有意识地去读书，不管与学习有关的还是无关的，最少能够说明他对知识有着强烈的渴求欲望，这也是要求上进的体现。

在对自己的知识储备不满足的情况下，应当根据自身情况来选择书，选择对自身能力有促进作用的文字，从而培养良好的读书习惯，使自己的阅历不断增长。

毛泽东从少年到晚年，从未间断过读书。他不断地充实自己，最终成为一位伟大的思想家、革命家和领导者。同时，在文坛也树立起了一面高扬的旗帜。

拿破仑在少年时专心苦读，凭自己所学到的东西，从一个平凡的炮兵练就成一名驰骋沙场的优秀的军事指挥家。

歌德曾这样说过：“读一本好书就是和许多高尚的人谈话。”一本好书，绝对是一位出色的导师。鲁迅有过这样的话：“我读杂书，有时甚至比正书还有劲，杂书中的笔记，我是手不释卷，午梦初回，清斋寂会，及至入睡之前，真仿佛是一席清谈，处处悠然了。”著名的教育学家叶圣陶先生说过：“教育是什么，往简单方面说，只有一句话，就是养成良好的读书习惯，读书，随时要读。”

家长和老师在指导青少年读书时，应明确地告诉他们，读书要有目的性，自己在哪个方面有欠缺，自己在哪个方面知识不到位，那么就选择自己需要的书籍去读。很遗憾，很多家长和老师常常在孩子的耳边说：“一天别不务正业，学点有用的。”“别拿起那些不三不四的书不放，学点有用的。”“老是看闲书，有什么用啊？”其实家长应该给孩子更多的是支持，鼓励孩子养成多读书的习惯，使孩子能在多方面发展，知识体系的多元化会更利于孩子的健康成长。

书读得越多，文化背景知识就越广阔，文化底蕴就越深厚。

在孩子遇到难题时让他自己先想想

康建强已经是初中三年级的学生了，但是他做作业从来都是有始无终。他做作业的情景经常是这样的：匆匆忙忙地、飞快地将作业写完，不管对错，将笔往桌上一扔，像脱离魔爪一样，迅速地离开书桌，跑向电视机前或奔向门外。

书桌上，摊满着作业本、练习册、课本以及笔。通常是他妈妈先将书桌整理清楚，将课本、铅笔盒等一一放好，再认真地将他的作业从头到尾检查一遍，用铅笔将错误的地方勾出来（通常总会有错误，而且不会太少），再将孩子叫回来改正。

对于妈妈指出的错误，康建强想都不想，也不问为什么错了，拿过来就改，时常改过的作业还是错的。当他再次被叫回来改错时，他就会不耐烦，大声嚷着问："你说应该怎么做？"

"写完"作业并不意味着作业的完成。实际上，作业的检查是作业完成中的一项重要工作，而这项工作却由家长来承担了。孩子的任务似乎只是写作业，并不需要对作业的质量负责。

许多家长检查完孩子作业，发现错处之后就立即指出，并说出答案让孩子改正。如果这样，孩子就只管做作业，而不问对错，反正有爸爸妈妈为我“把关”。长期下去，孩子也就失去了自我判断作业正误的能力，导致丧失学习自信心。

孩子的责任感和负责任的能力是通过锻炼形成的。锻炼则意味着由孩子自己去组织活动，并明晰活动的目的、步骤以及要求等。这种锻炼机会最初应当由家长来提供，并提出恰当的要求，加以正确的引导。

凯莉常常检查孩子的作业，对于孩子做错的地方，她从不告诉孩子答案，而是要求孩子做完作业后自己检查订正。

一天深夜，凯莉结束工作后，像往常一样打开孩子的作业本，发现老师在一道题上打了个叉，写有“重做”两个字。凯莉接着往下看，这道题是重做了，可重做的结果和原来一样，再检查运算过程，两次一样，是对的。

为什么老师又打叉让他重做呢？找到课本一对，发现原来抄错题了。当时天气很冷，可凯莉还是立即把孩子从被窝里叫了起来。但没有说题抄错了，只说让他检查。孩子查了一遍，说：“没错。”

“没错？那老师怎么让你重做呢？”孩子认真检查并重做那道题，然后用奇怪而诧异的眼光看着凯莉：“没错嘛！”凯莉平静地说：“再好好想想。”孩子裹着棉衣两眼瞪着作业本，足足愣了 20 分钟，猛然想起什么，打开课本，才知道抄错题了，马上改正，凯莉表扬了他。

这不是简单的对抄错题的改正，而是对孩子独立思考、培养自我判断能力、提高自信心的一次锻炼。从长远来看，家长帮助孩子完成了家庭作业，对孩子没有什么帮助。

老师之所以让孩子做家庭作业是为了让孩子的能力素质得到提高，如收集、归纳和自我管理等。家长应该使孩子意识到，完成家庭作业是培养自尊心和独立性的良机，而不是为了完成老师交代的任务。

帮助孩子养成晨读的好习惯

清晨是一天中最好的时刻。白天，我们的大脑被太多的信息、太多的思考、太多的问题挤得太满。因此，一天紧张的工作或学习下来，我们会感到疲倦，需要休息，需要睡眠。于是，夜晚的睡眠必不可少，以使我们的精力得以恢复。

经过一夜的睡眠后，当我们清晨醒来，脑子会是一片清新，当天的记忆还是一片空白。这就好似一张白纸，能描绘出最新最美的图画。再加上早晨的空气经过了一夜的净化，也是最清新的时候，特别让人感到清醒。

人的精力就像上紧了弦的发条，充沛而且旺盛，在淡淡的晨雾或晨光中，我们最应做的便是阅读。晨读的效果比一天中任何时刻都好，既没有杂念，易于理解，又无记忆负担，最能留下清晰、深刻的记忆。

晨读一遍的效果，会比白天在嘈杂声中读10遍都好。正因如此，古人、今人都有晨读、晨练的习惯，也才有那句“一年之计在于春，一日之计在于晨”的经典之言。

一位同学在一篇名为《快乐的晨读》的作文中这样写道：“清晨，我被窗外竹林中清脆婉转的声声鸟鸣唤醒，睁开双眼，已见一抹晨曦从窗户中射进来。我赶紧起床，搞好个人卫生，便拿了书坐到向着东方的阳台上，细细读起来：‘曲曲折折的荷塘上面，弥望的是田田的叶子。叶子出水很高，像亭亭的舞女的裙。层层的叶子中间……’读着读着，我竟没有意识到这是在做功课，因为老师布置了这一课《荷塘月色》的精彩段落要求默写。我这时读来，感觉是在清爽宜人的晨曦中享受名作，品味生活，毫无累与闷，反而是一种快乐，两遍读完，我竟可以背下来。我又一次享受了晨读的美妙。我于是在心里感谢我的爸妈和我自己，让我从上初中起，就养成了这一良好的晨读习惯。”

这位叫李娜的同学说，几年来的每日晨读，她从未间断过。她为自己算了一笔晨读的账：每天晨读 15 分钟，一年便相当于有了将近 122 节课快乐的阅读，几年来，她从相当于几百节晨读的阅读课中，不仅熟悉了课文、定理、定律，更大大丰富了自己的课外阅读——诗词阅读、名人名言与名著的阅读。

李娜真正尝到了晨读的好处。在晨读中，她丰富了自己的知识，积累了大量的词汇，陶冶了美好的情操，享受了清新怡人的上千个美好清晨。这不仅有助于学习，更有助于养成自己良好的生活习惯。

人是有惰性的，必须凭借一种毅力，来战胜自己的惰性。为此，家长应该与孩

子一道提早15分钟起床。法国哲学家卢梭说："你要记住，在敢于担当培养一个人的义务之前，自己就必须要造就成一个人，自己就必须是一个值得推崇的模范。"家长要求孩子做的，自己应该先做到。每天早上，如果母亲或者父亲至少有一人与孩子一道提前15分钟起床，将这15分钟用来晨读，那么，你的孩子就会被你的良好行为和晨读习惯所影响，也乐意自己这么做。

晨读，是培养自己战胜贪睡恋床坏习惯的最好方法。通过长期的晨读，获得的不光是知识，更有对时光的珍惜，培养了孩子积极向上的进取精神，还可以培养孩子生活的规律性，并通过每天快乐的晨读，来消除心中的郁闷、烦恼，并为新一天的学习奠定乐观饱满的积极情绪。

记住，清晨是一天的精华，少睡15分钟对一天的精力绝无影响，但15分钟的晨读，对一生都大有帮助，但关键在于不可随意间断。孩子毕竟是孩子，他们还缺乏生活的磨砺与岁月的锤炼，因此，作为家长，就要敢于用行动来要求孩子，教育孩子，带动孩子，不要只当督察者，而是要与孩子一起去做。一曝十寒，好习惯绝难养成。

在学习中磨炼孩子“越挫越勇”的意志

由曾国藩领导的湘军在海战中几乎每次都失败，可他每次都有勇气去面对失败，最终打赢了战争，而曾国藩也因此留下了四个字——屡败屡战，作为其勇敢面对失败的一种精神体现。

教育孩子时，培养和训练与灌输和说教完全是两回事。前者是让孩子在潜移默化中提高，后者却像“行政命令”一样生硬僵化，不会被孩子发自内心地接受。培养孩子刻苦钻研的习惯，可从让孩子参与简单有趣而又富有挑战性的游戏做起。

肖长河买来 4 盒积木，自己先用这数百块积木搭了一座 15 层的高楼，然后推倒让他的儿子再搭。他坐在跟前仔细观察，以表明他仍在参加游戏。

“你能搭 15 层吗？”他用诱导的语气问儿子。他的儿子看到他刚刚搭的楼房很壮观，便来了精神：“怎么不能，兴许我搭得更高。”他不失时机地鼓励：“那好，我要看你的楼是不是更高。”

他的儿子便聚精会神地开始“工作”，可是第一次他只搭到 6 层就倒了，第二次也只是到 8 层。第二天，他已能搭到 10 层。第五天他搭到了 13 层，可接下来的日子就停滞不前了。一次次失败，又一次次推倒重来，超过爸爸的信念鼓舞着他不懈地努力。

有一天，肖长河问他：“超过我没有？”儿子歪着头惋惜地说：“没有，可是我努力了呀！”肖长河赶紧趁热打铁：“你说得对，也做得对，虽然暂时还没有成功，可是你努力去做了，终有一天会成功的。你不甘心，说明你有承受失败的能力；搭积木你能做到这点，做别的事肯定也能坚持不懈，包括你的学习。”

如此这般，经过一段时间的培养，他的儿子渐渐养成了做任何事都能承受挫折的韧性，学习成绩也很快有了明显进步。

在有些孩子身上，存在着一些无法正确对待自己成绩的缺点，这样的弱点严重制约了孩子相信自己、超越自我的能力和潜力。其中最为明显的是，一些孩子一旦考试失败，哪怕是仅仅一次的失败，就会彻底失去信心，认为自己一无是处，没有什么价值，没有任何前途。这样的心态只会导致厌学和接连不断的失败，并最终导致退学的悲剧。

有一个同学，平时各门功课都在 90 分以上，可是在一次考试中，他的数学只得了 87 分，就是这三分之差，他就十分灰心，不断地怀疑自己的水平，后来就产生了考试恐惧症，再也得不到理想的分数了。

一位名叫李梅的高二女生在家里服下大量安眠药后，打开煤气开关自杀身亡。她在留给父母的遗书中说，会考中两门功课不及格，这对她的打击很大，她不想再活了。

近年来，许多青少年因为考试失利，或者没有考上理想的大学而选择了轻生。究其原因，青少年对失败的承受能力是不可回避的根源之一。家长和老师平时施加在他们身上的压力，不但没有成为他们上进的动力，反而成了推向深渊的魔手。

因此，家长和老师要在平时就教会孩子怎么面对失败。不要吝啬赞美之词，孩子学习有进步了就要给予赞美，这样能起到非常大的鼓励作用。不要过分批评他的错处，因为这样会影响他的情绪，导致更大的错误。

美国有个叫唐纳德·特朗普的亿万富翁，在短短的 20 年时间里，他凭借过人的精明和特殊的才干，积累了数十亿美元的财富，成为美国人心目中的英雄。这位先生在谈到其在学校的生活时说："我从学校学到的最重要的东西，就是不要对分数看得太重。"

另一位美籍华人、诺贝尔奖获得者李远哲博士主张："学生不要将自己的生命完全交给学校，随着社会、经济的国际化，文凭和成绩将不再是重要的，重要的是每个人生活得快乐，对社会有益处。青少年要明白自己的长处和缺点。"

家长要认识到，就孩子自身状况而言，各有其长处和特点，受高等教育、读硕士、博士未必是孩子的最佳选择。只有减轻孩子的心理负担与学习负担，才能缓解孩子学习上和精神上的压力，让孩子得以健康快乐地成长。

第4章 内心强大的男孩需要智慧作为底蕴

男孩的内心强大不是不懂变通的坚持，也不是明知失败而不放弃的固执，而是在于他们拥有着厚实的智慧底蕴，能够灵活地运用自我的智慧，轻松地化解所面临的各种难题。他们的强大不仅仅在于内心，更在于他们拥有着强大的大脑。

激发男孩的“自学”能量

老师和家长不可能随时随地都跟在孩子身边，作为一个学生，要学会自觉地攫取知识，这样才能够促使自己进步。

自学能力不但是当代学生应具备的基本能力之一，也是每一个社会精英的必备素质。一个人终身获得的知识，只有少部分是在学校里老师教授的，其余的大部分都要靠自学获取，特别是在科学技术日新月异、知识量急剧增加的当代社会。

一名学生如果没有自学能力，就很难成才，也无法适应经济建设和社会发展的需要。那么家长如何提高孩子的自学能力呢？

首先，提高孩子的阅读能力。

一要教孩子扩大视觉覆盖面，采取线式或面式阅读方法。心理学家发现，阅读可分为“点式”“线式”和“面式”三类。所谓点式阅读，就是以一字、一词为单位阅读，双眼停一次只能感知一个词，视觉面很小。线式阅读是指以词组或单句为单位阅读，一次眼停，视觉范围是一行字词，视觉广度加大，速度相应提高。面式阅读，视觉范围更大，通常以行或段作为单位阅读，即所谓一目十行。

培养孩子快速阅读的能力，就要让孩子逐渐学会面式阅读，用浏览的方法读书。这不是一朝一夕的功夫，需要长时间地锻炼与培养。可以让孩子在固定的时间内看一篇文章，时间到就停，无论他读了多少，然后让孩子总结文章的中心思想以及文章里给他留下深刻印象的句子。随着训练的深入，文章逐渐加长，时间逐渐缩短，要求逐渐提高，孩子自然就学会了快速阅读。

二要减少发音动作，杜绝来回阅读。可用一张白纸，读完一行挡住一行，有意识地加快速度。这样经过练习，可矫正“来回读”的毛病，并可以逐步提高阅读速度。

三要教会孩子抓关键词和关键句。研究表明，要培养快速阅读能力，平时阅读时就要注意书中的关键词和关键句，以此感知整体意义。

四要让孩子做好笔记。做笔记的能力是阅读能力的重要构成部分。笔记既是在分析、概括能力的基础上形成的，反过来又能培养人的分析、概括能力。提纲挈领的笔记是同遗忘做斗争的武器。

其次，增强孩子的理解能力。

理解能力的高低，很大程度决定着自学效果的好坏。这就需要让孩子注意分析比较，找出矛盾。如材料中自相矛盾的地方，不同材料之间矛盾的地方，与自己见解分歧的地方，并向自己提出重点难点问题，从而促进大脑积极思考，学深学透。

教会孩子习惯独立思考也是培养孩子自学能力的必经之路，要让孩子逐渐适应碰到问题多问几个“为什么”，带着“为什么”去反复看书，反复思考，从而加深对问题的理解。除此之外，经常用自己的话复述读物的内容也能提高理解力。

最后，提高孩子解决问题的能力。

自学能否成功，最重要取决于自己解决问题的能力。孩子在自学中遇到难题，可采取如下步骤解决：先准确清楚地找出难点，并分析关键所在。再寻找各种资料和证据，提出各种解决问题的方案，从中选出最佳方案。最后对选出的方案进行论证、检验和修正。

此外，注重提高孩子检索综合资料的能力，让工具书和资料充当孩子自学的老师。青少年要提高自己的自学能力，必须学会各种参考书和资料的检索方法和综合使用方法，提高对各种信息资料的搜寻、检索和综合能力。参考资料的使用，要以课堂科目为中心，有层次、有重点，在同类书中精选。

在孩子心中种下终身学习的种子

每一个孩子刚出生的时候都是一张洁白的纸，我们的家庭、校园和社会在上面洒上墨点，这张纸可能会色彩斑斓，也可能会暗淡无光；这张纸可能是一幅美卷，也可能是一篇好文。但是在这之前，他们仅仅是一张普普通通的白纸。

这是大学期末考试的最后一天。

在一幢楼的台阶上，一群工程系高年级的学生挤作一团，正在讨论几分钟后就要开始的考试。他们的脸上充满了自信，这是他们参加毕业典礼之前的最后一次测验了。带着经过 4 年的大学学习所获得的自信，他们感觉自己已经准备好，甚至能够征服整个世界。

这场即将到来的测验将会很快结束。教授说，他们可以带任何他们想带的书或笔记，要求只有一个，就是他们不能在测验的时候交谈。

教授把试卷分发下去。当学生们注意到只有 5 道评论类型的考题时，脸上的笑容更灿烂了。

3 个小时过去了，教授开始收试卷。学生们看起来不再自信了，他们的脸上挂满了沮丧。教授俯视着他面前这些焦急的面孔，面无表情地说道：

“完成 5 道题目的请举手！”

没有一只手举起来。

“完成 4 道题的请举手！”还是没有人举手。

“完成 3 道题的请举手！”仍然没有人举手。

“2 道题的！”学生们不安地在座位上扭来扭去。

“那么 1 道题呢？有没有人完成了 1 道题？”整个教室仍然沉默。

教授放下了试卷。“这正是我期望得到的结果。”他说，“我只想要给你们留下一个深刻的印象：即使你们已经完成了 4 年的工程学学习，但关于这个学科仍然有很多的东西是你们还不知道的。这些你们不能回答的问题，是与每天的日常生活实践相联系的。”然后他微笑着补充道，“你们都将通过这次测验，但是记住——即使你们现在是大学毕业生了，你们的教育也还只是刚刚开始。”

能够自觉地完成老师布置的作业，能够自觉地跟着老师的教学进度学会应该掌握的知识，已经是一名合格的学生了。但是，将学业当作任务的态度，还是远远不够的，真正杰出的人才，在少年时期，就能将学习变成自己的一种生活习惯，像吃饭睡觉一样，不用外界的约束，而自动地增加自己的学识。

知识的迅速增长和更新，使人不得不在学习上付出更多的努力。经过苦苦探索，人们在“终身学习”问题上达成了共识，现在“终身学习”的思想已经成为当代世界的一个重要教育思潮。

这样，学习就意味着是一个终身的过程，是现代人生命过程的一个重要组成部分。任何一个人，不管他有多高的天资、多高的文凭，都没有资格说："我已经不用学习了。"

美国人埃利胡·布里特 16 岁那年，他的父亲离开了人世。于是，他不得不到本村的一个铁匠铺当学徒。每天，他都得在炼炉边工作 10~12 个小时。但是，这个勤奋的小伙子却一边拉着风箱，一边在脑海里紧张地进行着复杂的算术运算。

布里特经常到伍斯特的图书馆阅览那里丰富的藏书。在他当时所记的日记中，就有这样一些条目：

6 月 18 日，星期一，头痛难忍，坚持看了 40 页的居维叶的《土壤论》、64 页法语、11 课时的冶金知识。

6 月 19 日，星期二，看了 60 行的希伯来语、30 行的丹麦语、10 行的波希米亚语、9 行的波兰语、15 个星座的名字、10 课时的冶金知识。

6 月 20 日，星期三，看了 25 行希伯来语、8 行叙利亚语、11 课时的冶金知识。

终其一生，布里特精通了 18 门语言，掌握了 32 种方言。他被人尊称为"学识最为渊博的铁匠"，并名垂史册。

《抱朴子》中说："周公这样至高无上的圣人，每天仍坚持读书百篇；孔子这样的天才，读书读到'韦编三绝'；墨翟这样的大贤，出行时装载着成车的书；董仲舒名扬当世，仍闭门读书，三年不往园子里望一眼；倪宽带经耕耘，一边种田，一边读书；路温舒截蒲草抄书苦读；黄霸在狱中还向夏侯胜学习，宁越日夜勤读以求十五年完成他人三十年的学业……详读六经，研究百世，才知道没有知识是很可怜的。不学习而想求知，正如想求鱼而无网，心虽想而做不到。"

悬梁刺股、凿壁偷光、燃薪夜读、粘壁读书、编蒲抄书、负薪苦读、隔篱听讲、织帘诵书、映雪读书、囊萤苦读、韦编三绝、手不释卷、发奋图强、闻鸡起舞……这些流芳百世的勤学苦读的典范和榜样，仍将激励后学，光照千古。

因此，只有帮助孩子将学习从课堂中脱离出来，变成一种自动自发的习惯，学习的过程才变得真正有意义起来，而这将使一个人脱胎换骨，从学生变成学者，奠定一生的事业基础。

培养男孩子的创新能力

创新能力是一个人最重要和最有价值的能力。而家庭教育是影响孩子创新能力发展的一个重要因素。一个孩子将来有多大成就，关键在于他的创新能力如何。作为父母，应该重视对孩子创新能力的培养。因为父母是孩子的第一任老师，而且家长与孩子相处的时间最长，接触的生活面最广。

如果家长越俎代庖，替孩子做他们能做的事情。这样做的结果，会使孩子越来越懒惰。孩子有了依赖的习惯，就不会自己努力去克服困难，解决问题，创造能力就不可能得到很好的发展。

1. 营造民主的家庭气氛

家庭的和谐有利于对子女进行创新能力的培养。家庭教育是孩子创新能力得到发展的可靠保证和有力的支撑因素。有利于孩子创新能力培养的家庭氛围必须是宽松、愉悦、和谐的。不管家庭成员有多少，也不管地位及年龄差距有多大，孩子与其家庭成员之间的关系应该是平等和民主的，而不应该是压抑和紧张的。就我国目前的家庭情况而言，孩子与其家庭成员之间的关系不恰当的表现主要有两种：一种是“压制型”。老子说了算，一切都听家长的，孩子没有发言权，更没有决策权，包括孩子对自己事情的决策权；另一种是“溺爱型”。孩子说了算，孩子是“太阳”，所有的家庭成员都是围着孩子转，孩子怎么说家长就怎么办。这两种家风都不利于孩子创新能力的培养，“民主型”有利于孩子的创新意识。宽松愉悦、有事大家商量，共同想办法，谁的主意好就听谁的，只有这样，孩子才能积极开动脑筋，从而形成创新意识和创新精神。

2. 常常带领孩子接触新鲜事物

知识是一切能力的基础，没有知识，对外面的世界一点儿也不了解、不熟悉，即使智商很高，也是不会有创新能力的。家长要根据孩子的年龄大小和生活环境，经常利用节假日带领孩子接触外界新鲜事物。家住城市的孩子，父母可带孩子去农村走走，让他们认识家畜家禽、农作物以及欣赏田园风光，了解花鸟草虫的生存特性等；家住农村的孩子，父母可带孩子去城市，让他们认识城市的建筑、交通等设施。

孩子认识事物越多，想象就越宽广，就越有可能触发新的灵感，产生新的想法，那种把孩子关在家里，只想让孩子写字、画画、背诗的方法，只会把孩子培养成书呆子，绝不可能培养成有创新能力的人。

3. 培养孩子的兴趣

伟大的科学家爱因斯坦说过，“兴趣是最好的老师”。兴趣是孩子学习，进行创造活动的内在动力。

孩子对事物有了浓厚的兴趣，就会全身心地、主动地去探索、去求知，并在学习上产生莫大的愉悦和积极的情感，从而不断进行新的尝试、新的探索。因此，培养孩子的创新能力，首要的是有创新的头脑，为孩子创设有利于发展创新能力的条件、情境和场所，时刻注意对孩子进行创新兴趣培养，尊重孩子的兴趣爱好，给他们自由选择的机会，让他们大胆想象，勇于创新。

4. 不时启发孩子多角度思考问题

在日常家庭生活中，要经常引导孩子多角度看待事物和分析事物，逐渐养成换一条思路的好习惯。想象力是创新的翅膀，没有想象就没有创新。对于孩子来说，想象比知识更重要，它对孩子一生创新能力的发展有重要意义。因此，家长应尽量发掘孩子进行活动的想象功能，促进想象。对于孩子富有想象力的构思和正确的意图等，都应该给予肯定和赞赏，千万不要用成人的标准去要求和评价孩子的创作。

其实，社会生活和家庭生活中每一个事物，都可以作为启发孩子多角度思维的内容。多角度思考问题，实际上就是进行发散性思维的训练。培养发散性思维是培养创新能力的前提。因此，家长要注意从小引导和培养孩子从多个角度思考问题。

总之，遵循孩子身心发展的客观规律，保护和培养孩子好奇、好问、好动的天性，掌握科学的家庭教育方法，培养孩子的创新精神和创新能力，这是现代家庭教育的重要历史使命，每一位家长都要承担这一历史责任，因此，培养孩子创造能力的最好方法是引而不发——启发诱导。

家长培养孩子创新能力的方法还有很多，因为家庭生活和社会生活是丰富多彩、千变万化的，具体的经验只能从具体的生活中来，这有待于父母进一步探索和总结。

教导孩子把握学习的重心

学习的主要科目是孩子学习中的“主干”，需要引起父母的重视，教导孩子注意把握好重心工作。

1. 语文学习中的细节

想要把语文念好，尤其是较难理解的文言文，就要教孩子先把那些语句转化成现代的语言，先有转化的能力，才会有记忆的能力。

学好文言文，重在理解，而实词是理解文章内容的关键。课本上出现过的实词，应该全部让孩子熟记于心，之后用这些已掌握的“武器”，去对付新的文言文。

适时地指导孩子对所学的知识进行分类，比如古今异义、词类活用和一词多义几种情况分类集中识记，整理在专门的本子上，让孩子“温故而知新”。

学好文言文，虚词也很关键。小小的虚词在数千年的汉字发展史上犹如不断变化的精灵，现在只有极少数还在白话文中的特殊语句中使用，大部分都已经不用了，或者意义发生了变化。

但是，在古文中虚词的力量可不容小视，它的意义变化对句子影响很大，有时候理解错误会导致意义完全颠倒！

要想轻松地背下文言文，该怎么办呢？首先，不要让孩子把背诵当成一座高不可攀的山，“对酒当歌，人生几何，譬如朝露，去日苦多……”教孩子带着欣赏，享受朗诵的乐趣，会减轻他们的烦躁感，心平气和地领略文章妙处之时，也是他们不知不觉开始记忆了。

背诵是一个过程，欲速则不达。记得不要让孩子贪多，期望一下子背下整篇课文。把长的文章按照段落来背，会大大减轻他们的心理负担。当然，为了让整个背诵的过程更加有生趣，还可以让他们和同学结成对子，两个人一起背，把背诵当成一种比赛，会记得更快。

2. 数学学习中的细节

学好概念、记好公式、用好定理，是整个理科学习的基础。

虽然说“读书百遍，其义自见”，但不经过认真地琢磨，孩子们对定理的认识就只能停留在“记忆”中，这也就是为什么老是说他们对定理运用不够灵活的原因。定理讲的什么内容？怎么得出来的？能试着推理一遍吗？举个例子说明这个定理吧。

如果这样几个问题孩子都可以对答如流，那就可以顺利进入下一关——应用定理解题了！而且，还可以让他们的学习更积极——主动给家长讲定理，模仿秀一下老师的感觉。

当然，这些都是家长们需要在孩子课下去努力做的。与概念、公式、定理“作战”的“主战场”是在课堂。

老师讲课的时候，肯定要对新学的知识进行细致的讲解。听懂了可不是万事大吉，对概念、定理和公式的理解会大大便利记忆，趁热打铁！

课上完后，成了理解、记忆这两大任务，还是不可掉以轻心：家长和老师还要引导孩子跟遗忘做斗争，告诉孩子及时复习，降低遗忘速度。早上学习的东西晚上一定要抽空进行复习!

如果孩子的数学成绩不好，就要有耐心教育孩子慢慢地积累，这便是练功夫的真正意义，不要一下子就想看到明显的效果，或是一次考不好就又想要放弃，要像练功夫一样持之以恒，如此才会取得好成绩。

3. 英语学习中的细节

单词是学习英语的一道坎儿。

“我的单词库像个大沙堆，一点都不牢固，沙粒总是在往下滑落，我真担心哪天沙堆一下子塌掉！”一位同学无比担忧地说。

大科学家爱因斯坦说了，“天才＝99%的汗水＋1%的灵感”。勤奋是学习的灵丹妙药。如果把“方法”和“努力”两件法宝合起来用，单词关就能够不攻自破。

短单词可以很快地记住，但是要把这种暂时记忆转化为长时记忆就要多努力了。试一试，让孩子的房间成为“纸条飘飞”的王国，在冰箱上贴上 fridge，拿橙子之前先说出 orange，在和家长聊天时，让孩子主动想着去用一用刚学的新词。在生活中使用频率高的单词，总是记得最牢的单词。

让孩子记住长单词，要求就高一点了。记单词就是讲究“口到，眼到，手到，心到”。想记忆某一个单词，先让孩子边读边在纸上写，然后引导他们，盯着别的什么地方再写。

“口到”是指一定要读，记单词发音。因为根据发音规则可以确定字母，进而记住整个单词。“眼到”是指要仔细观察单词，找出单词的词根、词缀等，根据单词构成记住整个单词。

安排科学的复习时间是无比关键的一步。对于一组新学的单词，第二天、第三天的复习是最重要的，在孩子的时间表上留块“地儿”专记单词吧，贵在坚持。除此之外，在语言环境中的词是活跃的，它比词汇表上一个死气沉沉的字母组合体要生动得多。因此，指导孩子阅读一些有趣的英语短文，比如名著的简写本，能教会孩子用一颗怡然的心去记忆诸多单词。

兼顾好细节才能强化孩子的学习效果

学习中除了有主要科目，还有次要科目，在抓好主要科目的同时，也要照顾好学习中的“细枝末节”。

1. 学习历史有窍门

总有一些学生希望，历史课要改成历史故事课就好了，听听故事多有意思！

老师还在起劲儿地讲“闭关政策”，黄宁已经“彻底对清政府失去兴趣”了。他不明白历史课怎么会有这么多史实以外的东西要学，而且史实也要全部记住。他不止一次地跟同学感叹，中国上下五千年的历史真把我们害惨了！看人家美国，一共才 300 年历史，学起来也简单！

这种表现很大程度上是出于对记忆的畏惧。的确，要想把上下五千年的经典在自己头脑中留下一幅清晰的图景，没有足够的勤奋和窍门几乎是不可能的。

信息时代，网络带给我们许多便利——让孩子学会使用网络，是一件事半功倍的事情。孩子不用抱着书痛苦背诵了，在便捷的查找和阅读中，就会记住大量重要的信息。当然，史实仍然是历史课的重中之重，也是历史的血肉。家长要陪着孩子坐下来读一读《上下五千年》，看一看历史纪录片，明确学习历史的目标——记史实。

人物、时间、地点、事件，是叙述一个事件的四要素，可以让孩子把重要史实按照年代的顺序排列起来，这样既可以掌握历史线索，又能够把历史史实的前因后果都理清楚。影视节目、纪录片和广播给孩子们提供了一些重要的途径，通过讲解、图片、影像等形式传达重要信息，这种寓教于乐的方式当然很受孩子们欢迎。

历史教育要求学生有一定的理解深度，光背是不行的。有一种“注书立说”法值得提倡。所谓“注书”，就是让孩子学会在教材上做记号，写笔记。例如，将一般概念画单框，重点概念画双框。把不认识的字、不熟悉的词标注在空白处。其实，这种“注书法”古已有之，古人称之为“笺注”。

所谓“立说”，就是在教科书的天头地脚、字里行间写下孩子自己的批语、观点、想法。如果是长篇大论，可写在白纸上，再粘贴在教科书的相关处。注意，这里应引导孩子充分吸收他人的成果，将其他书上相关的成果移过来，为己所用，并不一定都是自己的论述。

“注书立说”法的一大优点是与教材紧密结合，“注”得越细，“说”得越多，对教材当然也就吃得越透。这样一本经过“注”“说”的教科书，那真是成了复习的宝藏、学习的依靠。

2. 时政快递专记

“东南亚地区近日发生地震、海啸，各国死亡人数攀升……”

“美国要在中东地区推广自由民主的……什么计划？哎呀，又忘了！”

晓晓懊恼地喊着。整整一个上午，晓晓都把自己关在房里，不厌其烦地念叨着，今天可是周末呀。要是往常，他肯定早就和同伴一起出去玩啦。世界形势日新月异，时事内容不断更新，搞“时事突击”来对付考试，已经不能适应学校对学生的要求了。

政治课的重要任务之一就是培养青少年对社会现象的观察力、分析力、辨别力、比较力、思维力，理论联系实际是其中的重要原则。重大的热点和疑点问题很容易引起人们的注意，比如物价上涨、反腐败问题等。所以，家长和老师应该让孩子积极主动地关注时事，而不是单纯为了应付考试。

平时，家长应该和孩子一起收看新闻或收听广播。如果时间合适，每天在餐桌上或者公车上就可以让孩子“耳闻天下事”，不经意间记住一些世界风云。还有，信息时代，网络的作用不可低估，告诉孩子，每次上网不要总惦记着聊天，查看新闻也不要总挑“娱记”们的作品。建议家长为孩子选择一个严肃的新闻网站设为主页，如中国网、人民网、新华网等，它们永远会把重大时事内容置于最顶端。

在学校里，老师可以将班里的同学结成“对子”，每天固定一个时间轮流讲评时事，做好信息交换。听同学说话的时候，孩子的注意力总是会相对集中，记住的内容也会更完善。通过这些学习方式，时事政治不是孩子考试的累赘，还会帮助他们提升自己。

3. 化学知识速记

一线教师常说，没记住就等于不会。为了把繁杂的化学知识记住，就要学会一些十分实用的绝招。

上海市育民中学王莉英同学说，以前每次化学考试完了，他总感觉良好，但当考卷发下来后，一看成绩却没有预料的那样好。其原因主要是没有正确书写化学反应方程式，不是漏了箭头，就是忘了写反应条件。

化学反应大致可分为四种类型：置换、化合、分解和复分解。让孩子按照不同的类型抓住特点区分记忆，就不易混淆。

置换反应首先要记住金属活动性顺序表。金属活动性顺序表中共列出 15 种元素，可分三组记忆，每组五种：钾钙钠镁铝；锌铁锡铅氢；铜汞银铂金。当碰到书写置换反应的方程式时，就要先判断这种反应能否进行，是不是位置靠前的金属置换了位置靠后的金属，不然的话即使写了也是徒劳。

化合反应是两种或两种以上的物质化合生成另一种物质的反应。这就必须记住这类反应的特点，即反应物中的各元素都要在生成物中出现。当然，还要了解生成物的特征。

分解反应的条件大多是加热，知道了这一条，记起来就方便多了。反应物中又常有气体或者水产生，要特别注意这一点，这样就可以大大降低错误的出现频率。

复分解反应是四种类型中最复杂的一种。首先要判断这类反应能否进行，这就要对盐的溶解性十分明确。老师可以利用顺口溜来加强学生的记忆：

钾钠氨盐都可溶，硝盐遇水影无踪。

硫盐不溶铅与钡，氯物不溶银亚汞。

这样既朗朗上口，又不易忘记。判断了反应能否进行之后，孩子们往往就会觉得书写反应方程式容易极了，只要两种反应物相互交换成分就行了。

最后，还必须十分注意千万别漏写沉淀的箭头，否则就前功尽弃了。家长和老师还要让孩子把分类后的化学方程式写在卡片上，放入衣袋中，有空时看看，以加深记忆。

会玩、会休息的孩子才会学习好

休息，不但对孩子身体的健康有好处，也会让孩子更好地学习。所以说，“休养生息”是孩子的必修课。

观察一下那些成绩优秀的学生就会发现，他们在休息的时间里总是玩得最投入、最痛快，而一旦到了学习的时候，他们总是专心致志，任何其他的事情都无法使他们分心。

实践证明，在学习中，青少年的注意力一般能保持40分钟。超过这个限度，注意力就会下降，学习效率也随之渐渐降低。所以，为了学习更有效率，最好以40分钟为一个时间段，让孩子休息一会儿，调整一下情绪，再继续进行。这是保持注意力的最好方法。

爱因斯坦在研究的空闲里，经常拉小提琴，演奏乐曲，不但可以通过听音乐达到放松的目的，还可以活动身体。人的专注力是有一定时间的，若一味死记硬背，只会令它更快疲惫，因此，应该给头脑一点喘息的时间。

但是，学习中的休息时间，尽量不要超过10分钟，因为超过了10分钟，会较难收心。人天生有惰性，休息太久时，惰性也就会出现，孩子接下来想再学习的心情就会很难恢复。如果整个晚上都在等心情恢复，那就别想读太多的书了。

所以休息也要有一定的程度，要有适度的休息时间，不太长也不太短，会让孩子有精力再持续努力。

中午时分，是白天最想睡的时候，若能小睡一下，下午跟晚上都会更有精神。所以让孩子养成中午小睡 10 分钟的习惯，可以换来他们晚上一个小时的好精神，若能睡上 20 分钟，晚上就能多 2 个小时集中精神学习，这样算起来真是很划算。

让孩子登高望远是一种很有效的调整方法。三度空间的方向感比二度空间的方向感有用得多。走进大自然也是一个不错的选择。领着孩子到户外慢跑远远比在健身室练有氧体操有益。户外运动有助于青少年认识周围的环境以及训练他们的智力与判断力，而室内运动则达不到此效果。

指导孩子用心玩游戏对学习也有益无弊，让孩子注意过程而非结果。买一种考验智力的玩具，象棋或魔方都很不错。这些游戏需要运用策略，必须预先设想对手在这盘游戏中会采取什么样的对策。

走路也是很好的放松方式，告诉孩子，真有读不下书的感觉时，不如

就离开座位出去走一走。在走路的时候，全身的肌肉会得到放松，也会有较舒服的感觉，而感觉舒服，则有助于记忆。教会孩子边走边想些美好的事物，也可以深呼吸，或是思考一些坐下来学习时想不出来的问题，在放松时，其实是很好的解题时刻。学习累了时看一下窗外，眺望一下远处，窗外的风景和书桌上一定是不一样的，会让他们得到短暂的放松，眼睛看到的景观，会传达到大脑，大脑可以接收到不同的讯息和景象。

有不同的东西在大脑中，就会让大脑有机会消化刚才所读的内容，消化之后再来学习，会更有学习的冲劲和活力。因此，每隔 40~50 分钟一定要让孩子休息一会儿或看一下窗外，这样就不会太疲劳，也不会没学多久就累得想睡觉。

每天持续地学习，会很容易疲倦，若能适度地休息，就会学得比较起劲，会更有效率。适当的放松有助于学习。

有些孩子在学习的时候想着别的事情，而在玩的时候又牵挂着学习，结果学得不好，玩得也不尽兴。其实，学习固然很重要，但是在玩的时候就要尽情地玩，这样才是真正会学习的人。有一位教育家曾经说过：“最会学习的人也是最会玩的人，这才是真正会学习。”

让孩子在学习中找到快乐

学习其实是一件很快乐的事情——这是很多品学兼优的孩子的看法。那些不会学习的孩子，才会把学习看作一件痛苦的事情。如果让孩子懂得学习的快乐，在学习中找到快乐，学习才会变得异常简单。

前苏联教育家马卡连柯曾把教育比作一首美好的诗，那么也可以说，学生就是诗篇中美好的诗句。但是，60%的学生认为上学的乐趣是由于有朋友玩；100%的学生或多或少存在孤独、自卑、焦虑、依赖、忧郁等不同的学习心理障碍；每年都有学生因非经济原因流失。

这些厌学、辍学的中学生犹如错行的诗句，引起家长和老师关注整个诗篇症结何在。联合国教科文组织庄严地提出，跨世纪的培养目标是“学会生存”！那些厌学、辍学的孩子失去的不仅仅是学习的兴趣，而且是生活的兴趣；他们放弃的不仅仅是学习的机会，同时丢弃了面对生存的挑战的勇气。

高一第一学期刚开学，秦利就病恹恹的，成天打不起精神，英语课被老师点了好几次名都回不过神来。

班主任找秦利谈心，秦利沉默半晌，突然说：“老师，我不想上学了！”“什么？”班主任吃惊地跳起来，工作20年，只有差生辍学，从没听说过像秦利这样的优等生说不想考大学的，“你到底是为什么？出什么事了？”

中考填志愿时，班主任找上门来了，“秦利不报高中，他想考职高学美容美发！”班主任真心为秦利可惜。在他看来，一个又聪明又听话的学生上高中、考大学才是正道。

父亲秦大力一听就火了：“马上给我改了！当年没赶上好时候，你爸你妈想上高中没机会，你倒身在福中不知福！不好好念书，甭想在家里待。”

也许是年纪太小，并不清楚自己的未来发展，也许是习惯听从家长的安排，也许是被父亲暴跳如雷的样子吓坏了，秦利报考了高中。对儿子，父亲是发自内心地爱，但是，人们常常忘了，爱比恨更能理直气壮地扼杀一个人。

上了高中，初中轻而易举得第一的日子一去不复返了，即使是考前十名也要费不少力气。秦大力很不满意，“别人能考第一，你为什么不能？我看你就是不专心，成天不知想些什么乌七八糟的东西，是不是搞对象了？”

从此之后，严加管束换来的却是消极抵抗的结果。高一第二学期期中考试，秦利交了白卷。一天，政治课上老师问：“什么叫幸福？”有人答功成名就，有人说乐于奉献，秦利却小声说：“死了才幸福呢。”一时全班同学哄堂大笑。

的确，有相当一部分中学生都不同程度地存在着厌学情绪。从心理卫生的角度讲，厌学是腐蚀学生心灵的蛀虫。一个学生如果长期缺乏学习热情，没完没了地感到精神疲倦，最终会使他对一切学习活动兴趣索然，从而出现逃学或者其他一些问题。

如何矫正孩子的厌学情绪呢？家长和老师需要针对孩子厌学的具体原

因加以分析，采取具体的对策。比如，有的孩子厌学主要是家庭气氛不和，家庭环境不良，家长行为存在严重问题等。父母就应从自身出发，改正自己的不良行为，改善家庭的不良环境和家庭气氛，给孩子温暖和理解，渐渐改变孩子的厌学状况，解决孩子的厌学问题。

有些孩子厌学是因为认为学习是苦差事，很没劲。要解决这些孩子的学习动机问题，家长要有正确的看法和评价，用具体的实例说明学习是为了自己的前途，为了自己将来能为社会做贡献。要向孩子说清楚，一寸光阴一寸金，少壮不努力，老大徒伤悲。要把这些道理讲细、讲透、讲清，对孩子树立正确的学习动机会有帮助。

培养孩子的学习兴趣是解决孩子厌学的重要方法。家长要引导孩子从自己爱学的科目入手，强化孩子的学习兴趣。不少厌学的孩子学习方法不对，他们既没有适合自己的学习方法，也不主动学习别的同学的好的学习方法，因此在题海面前束手无策，产生厌学的情绪。各门课的学习方法不同，家长应帮助孩子从具体的学习内容中找出适合自己的学习方法。孩子有了正确的方法，效率就会提高，也会培养起学习兴趣来。

学生厌学的原因是复杂的，追本溯源还在家长、老师的教育。如果父母从小就注意培养孩子的良好习惯，一入学老师就为其创造良好的学习环境，一出现心理波动，家长、老师都能及时发现，科学地引导，厌学现象即使不会降为零，也不会成为令人担忧的社会现象。

帮助孩子翻越“中考”“高考”两座大山

中、高考对孩子的前途来说极为重要。中考决定着孩子将来接受什么样的教育，为人生的抉择之路奠定基础；高考决定着孩子选择什么样的人生道路，为一辈子做打算。因此，中学生涯是人生最美好的阶段，也是最关键的阶段，必须全方位努力。

中、高考来临之际，家长的主要工作是按照合理、适度的原则，做好后勤保障，配合孩子复习迎考。

1. 家长也要知道中、高考考什么

家长如果能知道考试考什么，对孩子的指导作用也就更强了。就目前而言，中考和高考考查的内容较多和记忆有关。这里的记忆，除了通常所指的概念、单词、公式、定理之外，更主要是指各类典型例题的解题思路。

对于考生来说，如果遇到过去做过的题目，考的就是记忆力；如果没见过这道题，考的就是思维力。凭记忆力做的题目速度快、把握大、得分高。而要做到这一点，考生平时就要多做习题、多看例题，尤其是要对典型例题的解题思路烂熟于心。这样，考试时可利用的记忆脚本就会比较多。

高中阶段的知识点成倍增加，这时光靠记忆不够，得靠思维。这也是高考为什么要考 20% 思维类题目的原因所在。那么，大家关心的作文能不能靠记忆呢?

平时写作文有足够时间修改，考试时就不具备这个条件了。如果不靠记忆（不等同于背作文），到时候就会手忙脚乱，很难得高分。从考试方向来看，中考作文主要考套路，高考作文主要考立意。

2. 怎样安排考试复习时间

中、高考复习时间以 170 天最佳，时间太长容易忘掉，时间太短会来不及。这 170 天是这样安排的：

第一轮 71 天，主要任务是把所有知识点弄熟、弄精，但不要涉及综合题目。因为知识点是基础，没有这个基础，后面建立在知识点基础上的综合能力就无法得到巩固，更无法达到提高。第二轮 49 天，主要任务是把各知识点融会贯通。第三轮 35 天，主要任务是进行规范的习题训练。第四轮 15 天，前 12 天对知识点查漏补缺，最后 3 天进行脉络整理。

3. 活学活用名诗佳句为作文加分

在中、高考中，作文是分值最高的题目。七八百字的一篇作文，阅卷老师在上面所花的时间只有一两分钟。由于时间限制，阅卷只能是扫描式地看一看开头、中间、结尾。在阅卷老师的扫描中，能否让他看到精彩的句式或一抹亮色，就决定了这篇作文的得分高低。有鉴于此，在作文中可以有的放矢投其所好，令阅卷老师不得不为自己加分，而要做到这一点其实也不难。

一位学生写北京北海公园的荷花，结尾时自然而然想到了宋代诗人杨万里的名篇《晓出净慈寺送林子方》：“毕竟西湖六月中，风光不与四时同。接天莲叶无穷碧，映日荷花别样红。”可是，北海的湖面太小，要说“接天”“无穷碧”就不恰当。怎么办呢，这位学生灵机一动，大笔一挥：“虽说谈不上‘接天莲叶无穷碧’，可却是名副其实的‘映日荷花别样红’！”经过这么一处理，就增加不少文采。

4. 临到考试时，不要把考试看得太重

这句话说起来容易，做起来难。家长应当告诉孩子，决定命运的中、高考确实不能不重视，但是也要放松心情。你越是重视它，就可能越紧张，甚至到时候方寸大乱。

正确的态度是毛泽东所说的：“战略上要藐视敌人，战术上要重视敌人。”这里的“藐视”，就是考试再难、再重要，每年也总有那么大的通过率。别人能通过，未必自己就通不过。所以要把考试当成“纸老虎”看待。

这里的“重视”，是指不管你平时的学习成绩好坏，复习时都要模仿实战进行训练，完全模拟考试环境，这是许多考试状元的经验之谈。只有完全模拟正式考试，才能找到自己的薄弱环节，然后有针对性地加以弥补。军事演习越逼真，实战经验就越强。

5. 学习成绩是无法用药物堆砌而成的

目前市场上各种各样的“补脑药”大行其道，家长和考生趋之若鹜。可是谁要把学习成绩的提高寄希望于药物的堆砌上，其本身就是可笑和不现实的。

这些药物基本上都只能起一种心理安慰作用。从科学角度看，深海鱼油虽然对大脑发育具有良好的促进作用，但只对 2 岁以内的婴儿起作用；维生素、微量元素、卵磷脂、脑磷脂等，从饮食中就能摄取。提高大脑皮层兴奋程度，只能一时提高学习效率，并不是真正意义上的“补脑”。促进脑部血液循环，临床上用于老年痴呆症等大脑功能性疾病的恢复，而且有许多副作用，并不适合中学生使用。

勤能补拙是良训

有些家长谈起孩子的学习时，总是责怪自己孩子的脑子太笨或是缺少天资，使得孩子总是生活在阴影笼罩之下，结果浑浑噩噩，碌碌无为。所谓“一年之计在于春，一生之计在于勤”。孩子没有做好，原因不在于缺少天资，而在于不够勤奋。家庭教育中，灌输孩子勤奋的意识是孩子走向成功的第一步。

我国著名的数学家华罗庚教授就是一个靠勤奋成为大师的实例，他说过：“勤能补拙是良训，一分辛苦一分才。”

华罗庚读完中学后就失学了，在自家的小杂货店做生意。然而，他坚持一边做生意、算账，一边学数学。一年下来，差不多每天都要花十几个小时学习，有时睡到半夜，想起一道难题的解法，他会马上翻身起床，把解法记下来。靠着勤奋，他从一个只有初中毕业的青年成长为一代数学大师、教育家，所写名著《堆垒素数论》成为20世纪数学论著的经典。连爱因斯坦也写信给华罗庚说：“你此一发现，为今后数学界开了一个重要的源头。”

当代中国，另外一个以勤奋著称的球员是“小巨人”姚明。姚明作为世界体坛的巨星，已经成为全世界年轻人的偶像。

与其他 NBA 球员相比，姚明的体质偏差，他的妈妈经常说："妈妈最遗憾的，就是没能给你一个强壮的身体，你的身体条件确实没法跟黑人球员相比，在弹跳、肌肉等方面，总要吃些亏。"但姚明相信勤能补拙，每次训练课前，他总要自己先练上一个小时的体能。特别是他刚进青年队的时候，虚胖，没什么力量，不怎么会打球，甚至"连跑都不会"。那时姚明的教练非常重视姚明的训练，一天从早到晚要练四次，即早上、上午、下午和晚上。姚明呢，很有上进心，训练刻苦又肯开动脑筋，所以进步特别明显。那时负责给姚明他们洗衣服、鞋子的师傅说："姚明的训练可真刻苦，大冬天也出那么多汗，鞋子倒得出水，毛巾拧得出汗来！"

由此可见，伟大的成功和辛勤的劳动是成正比的，有一分劳动就有一分收获，日积月累，从少到多，奇迹就可以创造出来。

在荷兰，有一个刚初中毕业的青年农民，来到一个小镇，找到了一份替镇政府看门的工作，他一生没有离开过这个小镇，也没有再换过工作。

也许是工作太轻闲，他又太年轻，他得打发时间。他选择了又费时又费工的打磨镜片作为业余爱好。就这样，他磨呀磨，一磨就是 60 年。他是那样的专注细致，锲而不舍，他磨出的复合镜片的放大倍数，比专业技师的都要高。

借着他研磨的镜片，他终于发现了当时科技尚未知晓的另一个广阔世界——微生物世界。

从此，他声名大振，只有初中文化的他，被授予巴黎科学院的荣誉头衔，就连英国女王都到小镇拜会过他。

创造这个奇迹的小人物，就是科学史上鼎鼎大名的荷兰科学家列文虎克。

“致力于每一个平淡无奇的细节的完善，终于在他的细节里看到了他的上帝，科学也在他的细节里看到了自己更广阔的前景。”列文虎克的例子告诉我们勤能补拙的真理。

其实，以勤补拙的远不止列文虎克一人，像捏出“最糟”泥板凳的牛顿，试图以身体的温度孵鸡蛋的爱迪生等，都是非常勤奋才有如此卓越的成就。对于天资和勤奋的关系，我国现代著名文学家郭沫若曾做过一个形象的比喻：“有几分勤学苦练，天资就能发挥几分；天资的充分发挥和个人勤学苦练是成正比例的。”

江西金溪县有个方仲永，自幼诵读诗书，并能出口成章。他的父母引以为傲，全县的文人、乡绅都感到惊奇。方仲永的父亲为了获得人们的夸奖和馈赠，天天带着幼子穿街过府炫耀儿子的诗才。由于仲永再没有时间看书学习，结果他的诗才日渐枯竭。20岁时，方仲永已跟别人一样成了一个普普通通的农民。

方仲永的父亲表现得有些鼠目寸光，使得孩子混淆了天赋和勤奋之间的关系，以至于在20岁时就变成了一个平凡的农民。这是家庭教育中的一大败笔。

其实，成功离孩子并不远，孩子的天资再高，如果不勤于学习，必干不成大事业，甚至养活自己都困难；天资一般的孩子，如果能勤奋学习，刻苦用功，必出成果。父母应和孩子一起直面人生，正视现实，牢牢地把握当下，把握每一分钟！牢牢地抓住上天给予孩子的天分，因为只有勤奋才能将天分变为天才。

第5章 真正懂得生活的男孩才会内心强大

如果让一个不懂得生活，不知道生活是什么样的人去面对生活，那么他必然手足尢措不知道该怎么面对。因此，要想成就内心强大的男孩，父母就不要为孩子的生活安排太多，而应该让他们自己在生活中去体会、去成长。唯有如此，他们才会真正地体会到生活中的酸甜苦辣，内心才会一步步变得强大。

养成良好的文明习惯

如果说人生是一幢雄伟的建筑，那么文明则是支撑这幢建筑屹立不倒的钢筋。一个人如果失去了内在的文明修养，即使腰缠万贯，或者学富五车，也不过是一个会说话的动物，终究会被生活逐渐抛弃。

良好的文明习惯不仅能给生活带来快乐，而且能够帮助一个人走向成功。从外表上看，礼貌是一种表现或交际形式，从本质上讲，礼貌反映着自己对他人的一种关爱之情。所以，真正的礼貌必然源自内心。

一位妈妈好不容易把孩子培养成了学习上的佼佼者，唯一不足的是，孩子从小就不修边幅。但是，这并不妨碍妈妈为他而自豪。

大学毕业的时候，孩子顺利地通过了托福考试和 GMAT 考试。就在面试合格、各项手续也顺利办下来、只等签证就可以实现他的留学梦的时候，一件意外的事发生了！

那天，妈妈陪着孩子去办理签证，孩子的心情非常激动。当听到自己名字的时候，孩子高兴地站了起来，站起来的同时，孩子不自觉地咳了一声，同时往墙角吐了一口痰。这个细小的动作被秘书小姐看到了。秘书小姐走进办公室，在一位官员模样的人耳边轻声地说了几句话。

当这个孩子走进办公室的时候，那位官员对他说：“对不起，我们很遗憾地通知您，您的成绩和能力虽然都非常优秀，但是综合素质方面还有些欠缺，我们不能给您签证。”

“综合素质？”这位孩子有些意外。

官员说：“是的，我们认为，一个人的成绩和能力虽然很重要，但是综合素质更重要，它能体现出一个人的品质。我们非常注重这项考核，事实上，许多人都是因为综合素质考核通不过而得不到签证的。”

孩子有些沮丧地出来了，而妈妈这时已经明白，孩子之所以没有得到签证，因为他刚才的行为太不文明了。

讲究礼貌也是处理人与人之间关系不可缺少的规范。人与人之间互相观察和了解，一般都是从礼仪开始的。一个举止优雅、彬彬有礼的人，更容易交到朋友、找到工作。正如一位哲人所说，那些明智的和有礼貌的人，特别谦虚谨慎，从不装腔作势、装模作样、夸夸其谈、招摇过市。他们正是通过自己的行为而不是言语来证实自己的内在品性。

一个有教养的孩子必须有良好的文明礼仪，这样的孩子比较受人欢迎，也就是心理学上所说的“被众人接纳的程度高”。文明礼仪要从小培养，形成良好习惯。有些家长认为，现代社会是个自由的社会，懂不懂文明礼仪没关系，只要学习好、有真本事就行了；有些家长则认为，小孩子天真无邪，长大了就会懂得文明礼仪的。其实，这都是误解。一方面，孩子的文明礼仪需要从小培养，否则就会形成坏习惯，一旦形成坏习惯，再改就很难；另一方面，越是懂礼仪的孩子，越能获得自由发展的广阔天地，因为他会受到他人的尊重和欢迎。可见，文明礼貌始终是孩子应该养成的好习惯。

英国著名教育家斯宾塞说过：“野蛮产生野蛮，仁爱产生仁爱，这就是真理。你对待儿童没有同情，他们就变得没有同情；而以应有的友情对待他们，就是一个培养他们友情的手段。”也就是说，家长以应有的文明对待孩子，孩子才会懂得文明。

一个德国家庭，母亲让孩子帮助做什么事时总是对孩子说：“请你帮我……好吗？”“请你……好吗？”从来不会说一些生硬的句子，或者用强硬的命令语气让孩子去做事。孩子做完了某件事，母亲总会说声“谢谢”。不管遇到什么事情，父母总会和孩子商量一下。例如，父子一块儿看电视时，如果父亲想换一个电视节目，总是先对孩子说：“我们换个频道看看好吗？”过圣诞节时，父亲给孩子买了一个高尔夫球台作为礼物。有一次，父亲想与一个朋友一起玩一下，父亲就问孩子：“能不能把高尔夫球台借给我玩一下？”这位父亲认为，既然已经是送给孩子的礼物，就是孩子的物品，不管谁要使用这个物品，必须和孩子商量。父母的这些教育细节，使孩子们都养成了彬彬有礼的习惯。

父母是孩子的榜样，父母良好的行为举止是对孩子最生动、最有效的教育。父母应该利用家里来客的有利时机提醒孩子，并给孩子做出榜样。

有一个上中学的男孩，满口脏话，经常欺负女生，甚至对女老师也很不敬。班主任老师联系了孩子的妈妈，没想到他的妈妈却对老师哭诉这孩子如何对他无礼。班主任老师于是苦口婆心地教育这个孩子要讲礼貌，但收效甚微。

有一天，班主任到孩子的家里做家访。开门迎接老师的是孩子的父亲，班主任老师便随口问了声孩子的母亲在哪里，孩子的父亲则轻蔑地说：“还瘫在床上呢，死猪婆！”班主任老师马上就明白了孩子不讲礼貌的根本原因！

父亲当着孩子的面如此侮辱自己的妻子，而且不顾有外人在场，孩子怎么可能讲礼貌呢？班主任老师非常愤怒，当着孩子批评了他的父亲，这位父亲也意识到自己的行为对孩子的不利影响，后来逐渐学会尊重妻子，并且改掉了讲粗话的毛病。这个孩子也越来越礼貌了。

此外，每个家庭都会有客人来，父母要试着让孩子学会以主人身份招待客人，这也是培养孩子生活文明的重要手段。在这方面，我国近代著名的画家、文学家丰子恺先生的做法非常值得学习。

丰子恺先生有个儿子叫丰陈宝。丰陈宝小时候特别怕生人，在客人面前显得不太礼貌。有一次，丰子恺先生到上海为开明书店做一项编辑工作，把十三四岁的小陈宝也带去了，想让小陈宝帮着抄抄写写。

有一天，来了一位小陈宝不认识的客人，这位客人同丰子恺先生谈了好长时间，小陈宝一直没有与客人去打招呼。客人与丰子恺先生谈完后，就过来与小陈宝打招呼、告别。这下小陈宝可愣住了，他一时不知道如何是好。

丰子恺先生送走客人后，语重心长地对小陈宝说："客人向你打招呼告别，你怎么可以不理睬人家呢？"后来，丰子恺先生一直非常注重小陈宝的礼貌教育。他告诉小陈宝，客人来了，应该为客人端茶、递水果，而且一定要用双手捧上，这样表示恭敬。他还风趣地打比方说："如果用一只手端茶，就好像皇上对臣子赏赐，更像是对乞丐布施，又好像是父母给孩子喝水、吃饭。这是非常不恭敬的。"丰子恺先

生还教育小陈宝说："客人送你什么东西的时候，你一定要躬身双手去接。躬身表示谢意，双手表示敬意。"这些话都深深地印在了小陈宝的心中。

父母还要特别注意的是，在孩子没有礼貌的时候，千万不要强迫孩子。现实生活中，很多父母在孩子没有礼貌的时候总会强迫孩子讲礼貌，比如有客人来家里，孩子躲在房间里不出来，不与人打招呼，家长非得把孩子拉出来跟客人问好不可，结果，孩子产生了逆反心理。

事实上，父母这种强迫的行为本身就是不礼貌的。孩子不愿意与人打招呼必然是有原因的，比如孩子从小就很害羞，孩子认为客人是父母的客人，与自己没关系，或者他正在做作业，一时忘记了打招呼……这时候，父母需要引导孩子去跟客人打招呼，如果孩子实在不想打招呼，父母不应该强迫孩子，但应该在事后告诉孩子："与人打招呼是最基本的礼貌，你去别人家里时也希望受到别人的热情欢迎呀！"这样，让孩子设身处地为他人想想，他的礼貌举止才会发自内心。

不要让孩子盲目跟随“流行风”

俗话说：“爱美之心，人皆有之。”现代的孩子在不断地成长中，也不断地对自己的外貌有了更高的要求。许多的孩子从中学开始，就对“名牌”有了研究，不仅分散了对学习的注意力，而且还追逐奢侈。父母在对待孩子要求的“流行风”时，应持理智的态度，和孩子有商有量，让孩子不再盲目跟随“流行风”。

赶时髦、攀比高消费等现象，虽然只存在于一部分中学生中，可它对这个年龄段孩子的不良影响却不容忽视。对新事物敏感的天性，原本是中学生的一种优点，但仍需要来自各方面尤其是家长的正确引导。

许多家长深有体会，自从孩子上初中后就越来越“俏”了，而且两代人之间思想、价值观念、心理方面的分歧越来越多。小学阶段的乖巧听话不见了，取而代之的是向父母提各种要求，与父母争辩，甚至驳斥、批判父母，说他们“保守”“落后”，不懂“潮流”“时髦”，称他们为“老头子”“老太婆”等。

这是一种普遍现象，家长不必为此伤心绝望，但也不能掉以轻心。赶时髦、攀比高消费等现象，如果任其发展，不但可能使所有追求流行的孩子步入歧途，而且还会给不追求流行的学生——尤其是家境贫困的孩子带来巨大心理压力，使其产生自卑、嫉妒等心理。

因此，家长应当正确引导孩子，分散或转移他们在关注流行方面的注意力。现在的中学生中，最普遍的赶时髦是唱流行歌曲、跳现代舞、疯狂崇拜各类明星等。对于这种还不算过分影响生活的追逐流行，家长应当持默许的态度。这样，孩子会感到自己有一定的自主空间，甚至会高呼“理解万岁”。

例如，许多初中生都流行跳劲舞。这是一种家长非常陌生的现代舞，对锻炼身体有好处，也符合素质教育全面发展的要求。对于这种赶时髦，家长不但不能一味阻止，而且还可以参与其中。如果你向孩子“拜师学艺”，请他们教你，就会感觉到他们的认真劲。一个个动作分解得很细，一步步很有条理，这也是孩子天赋的一方面。

中学生对新事物具有天然的敏感性，可是赶时髦的中学生也最容易步入攀比和高消费的误区。有些孩子学习不求上进，在生活消费方面的攀比劲头却很大，什么时髦追求什么，没完没了。尤其是在买文具、书包、自行车、电子词典、手机等方面，根本不问价格和功能，就看流行不流行，不达目的不罢休，为此甚至以绝食、不做作业相威胁。有的学生一学期买3个新书包，不是原来的书包不能用了，而是不时髦了；有的为了买新手机，不惜一手导演手机失窃事件。

家长和老师应当引导孩子追求自然、淳朴的美，给人以一种朝气蓬勃、青春洋溢的感觉，而不是用流行粉饰自己，一味追求歌星、模特之类的所谓“酷”和“前卫”，反而会破坏自身特有的“美”。家长还要尽早教育孩子树立适度消费观，要使孩子的消费水平与家庭经济条件相称，与中学生正常需求相符，与社会文明要求相一致。如果一味赶时髦、跟着广告走，那只会走入消费误区。

现代中学生中，还有一种流行是“动(画)漫(画)热”“袖珍书热”。这些读物中大量充斥着幼稚、暴力、色情色彩。这种广泛阅读，所造成的后果是严重影响孩子的身心健康。有鉴于此，家长应当对这种赶时髦式的课外阅读持保留态度。

一方面，家长无法完全剥夺他们的这种课外阅读，只能加以引导；另一方面，可以建议老师根据不同年级学生的心理特点、认识水平和教学进度，指定孩子们阅读的“必读书目”，以挤占他们这方面的阅读时间。

香港教育专家文卢丽萍认为，从孩子小学五年级后，家长就应当牢牢掌握“管教权”，主要掌握三条原则：涉及大是大非的事情，如吸毒、滥交友等，“一定要管”；家长只是感到难以接受的事情，如穿吊带背心上街等，应当“有商有量”；对于一些无关紧要的事情，如穿什么颜色的衣服、用什么款式的文具、带不带雨具外出等，则“不加干涉”。总的要求是恩威并施，既不让孩子学坏，也要避免破坏两代人的关系。

男孩追星应当追“心”

所谓的“追星族”，把追星看作生活中第一重要的事，甚至比上课、做作业、吃饭还重要。同学之间交往，谈论最多的是影、视、歌、体育明星。他们对这些明星的一举一动，包括一些个人癖好的了解，远远超出了对公式、定理、概念的了解，甚至到了如痴如狂的地步。

追求明星，应当追求明星的内心世界。明星的外在条件，是其天生的资本，而其勤奋努力成了歌星、影星则是自己努力的结果，孩子所追求的应当是这种坚持不懈成就事业的“心”。

心中有个偶像，使精神有个寄托，学习累了时能遐想一会儿，这并非是多坏的事。明智的家长不会一味禁止孩子追星，而是帮他挑选德艺双馨的偶像。允许他包容偶像的缺点，但要提醒他不要爱屋及乌，良莠不分。

追星，更多地体现为一种寻求精神寄托的行为。现在的孩子物质生活已经相当丰富，他们缺少的不是物质享受，而是精神追求。而明星在许多人眼里就是时尚的代名词。形形色色的明星如雨后春笋，他们以靓丽的外形、俊朗的面容、迷人的身材、天籁般的嗓音，撩拨得那些少男少女如痴如醉！

然而，伴随着追星，各种意想不到的问题也层出不穷：有的中学生不惜逃课去参加刘德华的签名销售活动；有的为了一睹刘德华的尊容，预先在他下榻的宾馆床底下忍饥挨饿潜伏 17 小时，吓得这位“影帝”尊容失色；几位女中学生为了争得影星胡兵的亲笔签名，不惜以酒相拼，结果喝得酩酊大醉；更有的中学生甚至追星追得自杀身亡！

种种迹象表明，追星背后反映的是中学生的信仰缺失，以及由此导致的盲目迷信，家长对此应当引起高度警惕。

对于热衷追星的中学生，家长应当帮助他们树立一种健康的心态，其核心是坚定立场，培养独立的思维方式、独特欣赏目光。家长应当告诉孩子，学生的主要任务是学习，而不是随波逐流，不是媚俗，因为时尚是追求不尽的。

当年有那么多中小学生崇拜电视剧《还珠格格》中的小燕子。原因就在于，他们从小燕子身上找到了自己渴望而又不具备的东西：聪明漂亮、敢说敢笑、敢爱敢恨、爽朗率直、反叛权威。他们希望借助偶像崇拜来达到心理平衡，实现心理补偿。

了解了这个原因，家长完全可以利用这一心理特点，把孩子们引导到对其他事物的关注。例如在美国，大科学家经常参与科学普及工作，以此来吸引中小学生关心科学、参与科学研究。我国神舟系列宇宙飞船上天的电视直播，一定程度上也起到了这种作用。

如果没有正确引导，中小学生追星很可能会一发而不可收，最终导致失控。家长在这方面要防微杜渐，及时发现不正常的苗头，把他引导并控制在合理的范围内。对于已经痴迷的追星族孩子，家长要懂得解铃还须系铃人的道理，有意识地用明星的缺点来削弱他在孩子心目中的地位。

谭鑫是一位 15 岁的初中生，他崇拜的明星是王祖贤，爱她爱得死去活来。虽然他从来没有见过王祖贤本人，可是他整天想的、谈论的都是王祖贤。他对王祖贤的了解，要远远超过他的父母。

很快，谭鑫的学习成绩下降。一开始，家长和老师都不知道学习退步的原因，还以为他在早恋呢。经过了解，非常器重他的班主任才从谭鑫的“死党”那里得知，原来他“爱”上了王祖贤。

在一次和老师促膝谈心时，他说：“老师，您不知道她多有气质，她演的电影有多棒！不瞒您说，所有刊登她照片的画报、她演的电影的贴画我都有，有一张买一张。她唱的所有歌我都会唱。有关她的资料，我能收集的都收集到了。”

父母和老师见他这般痴情，一筹莫展。

一份调查表明，在中学生眼里，如果他们追星追的是历史伟人，家长100%会表示支持；如果追的是影、视、歌明星，家长中表示支持的只有3%，97%都表示反对。这表明，在教育子女方面，家长特别希望孩子以有建树的人为榜样，而不希望孩子崇拜那些只会“唱唱跳跳”的所谓明星。家长虽然自己也喜欢看明星的表演，却不希望子女以他们为榜样。

因此，家长应当告诉孩子，不要在追星中迷失自己，因为你最终只能成为你自己。正如一位伟人所说：“当你心中没有偶像的时候，你也就成了别人眼中的偶像。”

让城市孩子去农村感受生活

我国的城市中，大多是独生子女，父母担心孩子吃苦，连家务活也不让他们干，只要求他们努力学习就好，其实这是不正确的教育方式。有些孩子甚至不知道自己每天吃的五谷杂粮是从哪里生长出来的。

7 岁的小明和妈妈一起走过了一个花坛，小明突然拉住妈妈问："妈妈，这就是农村吗？"妈妈看了看满是鲜花的花圃，眉头不由得皱了起来，说："孩子，这不是农村，这是花圃。"

7 岁的小孩子并没有农村的概念，以为有黄土、有鲜花的地方就是农村，这不能不说是中式教育的一个失败。

从小生活在长春市的费俊，为了了解农村，学习一些农业知识，经受劳动的锻炼，暑假期间独自坐车来到河北老家爷爷耕种了一辈子的土地上。

费俊换上奶奶拿来的粗布衣服，走到骄阳高照的田间，一招一式地跟爷爷到田里去锄草、耕种一些时令蔬菜。爷爷耐心地告诉孙子，别小瞧庄稼活儿，一道工序出了问题都会影响产量。费俊在撒种时，常将种子扔到田埂的外边，爷爷就让他捡起来，细细地讲给他"春种一粒籽，秋收万颗粮"

的道理。

对于没有经受过风吹日晒的城里人费俊来说，干农活儿是个苦差事，头顶烈日，挥汗如雨。干了一个多小时，就满头是汗，气喘吁吁，爷爷劝他歇一会儿，但他擦把汗，咬紧牙继续干。看他进步很快，爷爷便表扬他，他也越干越带劲儿。

地里的活儿结束了，费俊回到老屋，吃着奶奶做的简单饭菜，觉得实在太可口了。去了几趟农村，费俊平时爱挑食的毛病也改了。现在，费俊对农村和土地产生了深厚的感情，一到假期便自己背着行李，坐上火车，回到祖辈们曾经挥洒过汗水的田间地头，从来没有间断过。

费俊在一篇作文中写道："爷爷的教诲，使我深刻地认识了农村，而且爱上了农村的一草一木，爱上了这里的淳朴。农村，我永远魂牵梦绕的地方！"

但是，相当多的家长不喜欢孩子去农村体验生活。这些人常常认为，农村生活条件差、不卫生，孩子的皮肤容易被晒黑等。当孩子在假期、双休日去老家或几个同学组织起来到农村体验生活时，一些家长就会出面阻止。

2006年3月份，上海市某所中学进行了一项问卷调查，得出的结果是：不知道菜豆角、黄瓜长在哪里的学生占50%，不知道棉花可以用来做衣服的占45%，而不知道甘蔗能榨糖的孩子竟然占65%！

大多数城市孩子的农村生活经历非常贫乏，多数孩子压根儿就没有到农村这块"广阔的天地"里去过。有的孩子在城市的农贸市场看到那么多鸡蛋成筐成筐地垒在那里，就觉得母鸡下蛋很容易，一天能下好几十个！

虽然很多孩子在电视上看到过或书上读到过，但是他们还是不相信农村的公鸡会早上自动打鸣！诚如一位东北老大爷曾在《辽宁日报》上发表的一篇题为《我教孙子学农活》的文章所说的那样："现在城市里的独生子女被大人娇惯得四体不勤、五谷不分，上小学了还不知道粮食是怎么来的、菜是谁种的，这样下去怎么得了！"

所以，家长和老师应该在教育孩子的行动中，添加让孩子独自或结伴到农村走一走的计划，因为孩子们这样做不仅是十分必要的，而且是非常迫切的。让孩子自己做主，到农村去体验生活，去流汗出力，不仅可以促使他们深刻认识劳动创造生命、劳动创造财富的道理，促使他们养成珍惜劳动成果、勤俭简朴的习惯，而且可以使他们对中国的社会状况有一个基本的认识。

1946年2月，毛泽东的长子毛岸英来到延安王家坪，向爸爸汇报自己在苏联学习的情况。过了几天，岸英穿上爸爸的那套打着补丁的灰布衣服，告别了父亲，背起四五十斤重的行李和小米、菜籽，步行来到延安南区吴家枣园村，拜村长郝光发为师。

晚上，他和农民杨培中睡在同一个窑洞里。白天，和乡亲们一起下地劳动。岸英劳动很刻苦，没过多久就学会了锄地、送粪、犁地、播种，更重要的是，他对中国农村有了深入的了解，进而对中国的国情有了比较深入的认识。

时代虽然有了很大的进步，但今天我们国家还是农业人口占80%的农业大国，所以，家长和老师适时安排孩子到农村去锻炼、到农民中间去体验，至少可以让他们从感官上认识我国的一些基本状况，进而明白食物的来之不易。

从长远来说，这也是他们认识国情民情的一条非常重要的途径，会使孩子受益无穷！

同孩子一起感受大自然的美丽

我国早就有“读万卷书，行万里路”的名言，从某个角度上解释这句话，“行万里路”中就包括走进大自然，从而更好地感悟生活、总结生活的意思。

成都市某初中二年级有些同学自发组织野外活动小组，他们每隔一两个星期就组织一些同学到郊外去尽情地游玩一天，想通过这种方式培养大家的观察能力和写作能力。谁知这一备受孩子们欢迎的活动却招致了来自各方面的指责。

首先是孩子们的家长意见很大，纷纷责怪孩子这样玩下去，把心玩野了，精力分散了，而且还得花钱。其次是来自社会的压力，说学生应该以学习为主，常常这样游山玩水是不务正业。最后是来自学校的压力，班与班之间、校与校之间的考试成绩的激烈竞争，不允许孩子们将“宝贵”的时间浪费在游山玩水上。

这些“指责”导致的后果是，孩子们离大自然越来越远。在城市钢筋水泥的束缚中，许多青少年生态意识越来越弱，对大自然的观察力越来越差，也越来越缺少热爱自然的感情，甚至有不少孩子以为大米和苹果一样是树上结的。这样下去的结果只能是，大自然将这些可悲的孩子抛弃，他们的感悟力和想象力也严重地丧失。

尼采是 19 世纪德国伟大的哲学家。他的童年充满不幸和坎坷。小尼采 5 岁的时候，父亲由于脑软化症去世。几个月后，尼采刚满 2 岁的弟弟约瑟夫也夭折了。亲人接连不断地去世，特别是父亲的去世，让尼采幼小的心灵受到了极大的伤害。

为了抚慰自己那颗忧伤的心，小尼采养成了走向大自然的良好习惯，每当小尼采郁闷的时候，他就一个人徒步来到野外，忘情于大自然的景色，沉浸在醉人的风光中。大自然中似乎蕴藏着无穷的力量，让尼采忧伤的心情逐渐恢复了平静。

在尼采的一生中，常常对大自然怀着感激和热爱之情，他在晚年回忆道："在我少年的时代，我就经受过了太多的悲痛和苦难，所以一点儿也不像别的孩子那样天真烂漫……从少年起，我就倾向于孤独，喜欢躲在没人打扰的地方。特别是在大自然的神圣殿堂里，我找到了一种最真实的快乐。一点细雨能给我留下极为美好的印象，而轰鸣的雷声和闪电则让我学会了对上帝的敬畏。"

正是奇妙无比的大自然给予了尼采这位世界级大哲学家无穷的灵感，激发了他的智慧之光。我国古代哲人曾这样说："惟天地万物父母，惟人万物之灵。"大自然的无限生机中，蕴藏着蓬勃向上的生命力与创造力，是人类生命之源。一个不热爱大自然的人，一个不接近大自然的人，一个听不懂大自然语言的人，定然不会是一个有智慧的人。

大自然是人类最伟大的老师，它对所有的孩子都一视同仁，公正、宽容，它有父亲般的威严、理性、热情，又有母亲般的柔情、感性、温柔和细腻。大自然的本质是平衡，它体现了世界上最伟大的规律。

因此，如果家长和老师在适当的时候让孩子回到大自然的怀抱中去，让高山和流水拓展他们的思维，那么孩子就能逐渐学会领悟这其中的真谛，就可以潜移默化地塑造他们和谐、平衡的思维和心理。

所以，18 世纪法国启蒙思想家卢梭提出了一个十分响亮的口号："回归自然！"俄国著名教育家乌申斯基也说："意志、自由、自然、美丽的城郊，馥郁的山谷，起伏的原野，金黄的秋天，难道不是我们的教师吗？"

但是，今天的孩子，特别是城市的孩子，被关在水泥和钢筋筑成的房间里，尽管手边有着高级玩具，可以看电视和操控电脑，有着各种各样的包装食品，但实质和关在笼子里的鸟儿又有什么区别呢？

孩子们应该经常无拘无束地在大自然博大的怀抱里，去观察，去思考，去感悟，但大多数家长却往往将自己手中的绳索紧紧抓住。

20 世纪六七十年代，是当今大多数父母们天真烂漫的时刻，那时，他们可以步行二三十里去捉蛐蛐儿，摘山杏，打酸枣儿，也可以在树林里捉迷藏，在松软的草地上摔跤、踢球，由着性子在地上滚来滚去。至于掏鸟窝、逮兔子的事，谁没有干过呢……

其实，今天孩子们所渴望得到的，只不过是家长们曾经拥有的。为什么不能让孩子自由地体会你青少年时曾体验过的快乐呢？美国诗人罗宾生·杰弗斯说得好："是时候了，让我们重新亲吻大地，让丰富的生命重归自然的怀抱。"

孩子不仅是父母之子，更是自然之子。大自然这位伟大的老师，能畅快地教授孩子关于生命的本质、关于事物的法则等课堂里无法学到的知识，通过它每时每刻的力量向每一个主动接近它、乐于接受它恩赐的孩子展开怀抱。关键在于，家长和老师能否允许孩子接受它的启示。

让孩子成为“环保志愿者”

我们共同生活在一个地球上，头顶着同一片蓝天，脚踏着同一方热土，而热土上生活着包括我们人类在内的各种花草和生物，这一切都使得这美丽的世界更加富有活力。为了使孩子的生活环境更健康，应将环保教育贯穿到孩子生活的每一个环节。

北京市某中学的几个学生，在一个星期天自发地组织起来，到北京最大的污水处理厂——高碑店污水处理厂去参观。

张宏是其中的参观者之一。在高碑店，张宏看到的是一番与平时完全不同的情景：散发着强烈的刺鼻臭味、颜色比墨汁还黑的污水急速地奔流着，雷鸣般的响声在二三十米外就能清晰地听见。

而工作人员的解说更使张

宏忧心如焚：虽然该处理厂每天能处理上万吨的污水，但在一些地方，每时每刻都有污水被偷偷排放，受污染严重的河流中鱼虾全部绝迹，被称为“没有生命的河流”。

这次参观让这个花季男孩触目惊心，而早春3月北京比往年来势更凶的“沙尘暴”更使他为北京的环境问题深感揪心。经过几天的思考，并在父母的指导下，他提起笔来，决定给北京市环保局写一封信。

在这封信的开头，张宏写道：“有人想当宇航员，坐着宇宙飞船遨游太空；有人想当富翁，过着悠闲的生活；而我想当一位尽职尽责的环保工作者，解决环境污染这个已经影响人类生存的大问题！”

根据自己的调查研究和父母的指导，在信中，张宏宛如一个环保专家，对如何处理塑料污染谈了自己的治理主张：

“在垃圾污染中，作为白色污染的塑料对环境的危害最大。首先，要设法使工厂生产环保型可降解塑料制品，并向市民大力推荐使用纸袋或布袋。其次，听说国外有一种能把塑料转换成石油的处理设备，把塑料投入处理器中，经过加温加压，从处理器中排出的就是石油了，这种石油比普通石油纯度还高，但处理的造价也非常高……”

他信中还写道：“我设想，还要在每个工厂里放一个限制排放的检测器，一旦排量超标，检测器报警，信息自动被传输到环保局的监测部门，这样，大大加强了对排污企业的监督管理。”

更让张宏兴奋不已的是，在5月中旬，他收到了北京市环保局副局长的回信，回信中对他的环保主张和设想给予了肯定。在结尾，副局长鼓励他：“现在，你就要为当一个合格的环保工作者进行知识储备和各项准备。还有，你要从自身做起，先成为一个合格的‘环保志愿者’，不但自己要时时处处环保，还要带动别人……去影响每个人，只有更多的人参与了，才能不吃祖宗饭，挖断子孙路。”

为了在同学中普及环保意识，在张宏的建议下，学校里倡导了“环保蓝图遍世界”的公益活动，张宏和同学合作创作的作品《防尘网》，以环保主题鲜明、表现手法独特而打动了评委，获得了大赛的一等奖。

相信北方的“沙尘暴”已使人们感受到了切肤之痛，而南方的洪水及泥石流更使人们触目惊心，松花江那场严重的污染也是举世皆知的。人们为了追求方便、舒适的生活，日复一日地大量开发自然资源和破坏生态环境，已经使人类赖以生存的环境日益恶化，温室效应、野生动植物灭绝、热带雨林缩减、垃圾大量制造、有毒废弃物污染、空气污染、水资源污染……整个生态岌岌危矣！

在瑞士，大多数家庭的垃圾袋都有 4 个：一个装生活垃圾，比如剩菜、果皮等有机物，回收后可以生产肥料；一个装报纸和废纸；一个装塑料瓶子；另一个装玻璃、金属制品等生活垃圾。

家长大都从小就教育孩子主动地、不厌其烦地对垃圾进行认真分类，投入不同的垃圾箱。瑞士孩子保护环境的积极性和自觉性，从一个瑞士孩子的记事本上就可以略见一斑：

周一：夜里睡觉忘了关台灯，浪费了大量的电，真是不应该。

周二：上美术课时连撕了三张白纸，老师说，造纸要消耗木材和大量的水，使我痛感惭愧。

周三：哥哥喜欢开车兜风，我和他探讨排放的有毒废气污染环境的问题，最后我们想出弥补的办法——每人每年额外多种 20 棵树。

周四：为濒临灭绝的灰鹤捐了一些零用钱。

周五：下午准备开车去超市购物，后来接受爸爸的建议改乘公交车，既减少了汽车废气的排放，又节约了汽油。

周六：妈妈发现我只为了洗两件衣服就开洗衣机，浪费水、电，我采纳妈妈的建议，以后等衣服积多些时再用洗衣机洗。

周日：我到楼下丢垃圾时发现没有分类，于是不顾脏臭，亲手将垃圾分类后丢入垃圾箱内。

如果我们都能教育自己的孩子像这个瑞士孩子那样去做，我们赖以生存的地球家园就会多一些绿色，多一些和谐！当孩子头脑里有了环保意识，并自觉地成为“环保志愿者”时，父母不要去横加干涉，因为这是每个人都必须具备的生活责任。

摆正家庭教育中母亲的位置

在孩子的眼中，家庭中称职的妻子与合格的妈妈一样有威信，母亲可以通过妻子的角色和与丈夫的关系间接地对孩子产生影响，以达到教育目的。因此，在教育孩子体验生活的过程中，仅仅做一位好母亲是不够的，还要做一位好妻子。

诚然，一旦夫妻之间矛盾重重或者感情冷淡时，这种家庭气氛不仅会影响孩子的性格，也会使母亲自身对待孩子的态度发生变化。换言之，母亲会把倾注给丈夫的爱情转移给孩子，而且还会像爱丈夫那样去爱孩子。

作为一种补偿，母亲会通过爱孩子去满足对丈夫的爱情的不满。由于这种爱不是来自父母的自然的爱，必定会出现偏颇，由此就表现出娇惯、保护过度的态度，即溺爱的态度，单亲家庭的问题是一个典型的特例。

由此可见，当夫妻之间的关系发生裂痕时，就会使母亲对待孩子的态度产生很大的变化。因此，夫妻之间的良好感情对创造幸福家庭生活以及培养出具有情绪安定性格的孩子是最为重要的。

作为母亲，很重要的就是与父亲的关系要融洽、和睦。在家庭中，孩子最不愿意看到的就是父母之间发生冲突，如吵架等。这样孩子会感到恐惧和忧虑——感到恐惧是因为家庭生活环境受到了威胁，感到忧虑是因为他可能会认为自己是导致家庭不和的原因。

当父母争吵时，孩子可能会认为自己是家庭不和的根源。孩子在父母的冲突中也很难保持中立，他要么站在父亲一边，要么站在母亲一边。其后果是他的性格发展会因此而受到伤害。

当男孩站在父亲的对立面或女孩站在母亲的对立面的时候，孩子就将没有合适的效仿对象。孩子在以后的生活中会讨厌效仿父亲或者母亲的性格，不愿学习他们的道德观念，并且拒绝模仿他们的行为举止。

在某些情况下，孩子还可能走向极端，在性别分辨上产生混乱。如果男孩拒绝站在母亲一边或女孩拒绝站在父亲一边，那么，他们长大后可能对所有的异性产生怀疑和敌视。

家庭对于孩子归根到底是生活的港湾，是获得精神安定的场所，而一

个良好的家庭氛围又会对孩子人格的形成产生有利的促进作用。那么，究竟什么样的环境才有利于培养出孩子良好的性格呢？

一个能为所有家庭成员的个性发展和成长提供最广阔的可能性的、开放体系的家庭，可以称之为和谐的家庭。创造出这种家庭生活氛围的关键所在，就是父母之间的关系和父母的态度。

这样的家庭使孩子深信父母拥有爱的基础，将父母对孩子的关爱与一定的行为规范要求适宜地结合起来。建立了这种良好的关系，父母就能够在加深双方感情的基础上最好地接纳孩子，与孩子保持密切的联系，并在规定的家庭行为规范的范围内，为孩子个性的发展提供广阔的天地。

必须承认，要建立良好的家庭关系、营造温馨的家庭氛围远不是简单的事情，父母和谐的复杂性就在于，有时只要有一点小小的偏差，就会将问题像滚雪球似的越滚越大。

家庭问题的线团是很难彻底解开的。因此，作为一名母亲，不仅要尽到做母亲的职责，也要从家庭关系的角度出发，去做一个好妻子，与丈夫的关系融洽，和睦相处，即使有冲突也尽量避免在孩子面前发生。用母亲的温情，对待孩子的爱；用妻子的温情，对待丈夫的爱。营造一个能够促进孩子健康发展的、乐观、自信而温馨的家庭氛围！

让孩子明白幸福的真正含义

不同的人对幸福会有不同的定义，定义之所以不同是因为各自对生活的态度不同。什么才是真正的幸福，很难有一个准确的说法。

知足常乐、洁身自好、卓尔不群，这三者意味着真正的幸福。一位88岁高龄的老太太轻松悠闲地告诉她的朋友：“拥有一个幸福的人生其实也很简单：第一是不要拿自己的错误惩罚自己；第二是不要拿自己的错误惩罚别人；第三是不要拿别人的错误惩罚自己。做到这三条，人生就不会太累了……”

这位睿智的老人出身名门，家世显赫。家中四姐妹都是出了名的才女，而四个女婿更是大名鼎鼎。大姐夫是昆曲名家顾传玠，她的夫君是著名语言学家、绰号“周百科”的周有光，三妹夫是赫赫有名的大文豪沈从文，四妹夫是耶鲁大学的汉学家傅汉思。她就是张允和——这“幸福三诀”正是她经历了无数的人生苦难与艰辛后的大彻大悟。这看似简单的几个错误与惩罚之间的问题，蕴藏着许多为人处事的大道理，包含着人生的意义和快乐的真谛！

不要拿自己的错误惩罚自己

告诉孩子，要懂得善待自己。人非圣贤，孰能无过？如果一有过错，就终日沉浸在无尽的自责、哀怨、痛悔之中，那么其生活的境况就会像泰戈尔所说的那样："不仅失去了正午的太阳，而且将失去夜晚的群星。"

然而，又有多少烦恼正是孩子同自己过不去而带来的呢？尤其是一些心高气傲的少年。因为他们聪明，所以对自己的期望就高一些，对自己的要求就严一些，但情况却未必总能尽如人愿。一年一度的高考结束后，总有一部分名落孙山的同学情绪低落，沮丧自责，大有无颜见江东父老之感。运动会比赛上，冠军永远只能有一个，总有一些孩子因为得到第二而面色阴沉，感到懊恼悔恨，无法原谅自己。

家长应该告诉孩子，希望越大，失望可能就越大，站得越高，摔得就越痛。为什么一定要把自己置身于那么高的位置呢？平和一些，淡然一些，难道不好吗？

当然，高标准、严要求、执着、坚定，不能不算好品质，它们也许能带来成就，却未必一定能带来快乐。可是，人生若得不到内心真正的平和快乐，那么生活的意义又是什么呢？仅仅为了完成目标、为了享受过程中的痛苦吗？

一定不是。人生要有追求，要有奋斗，但也不要把自己置身于"高处不胜寒"的境地。犯错误是难免的，自责、追悔、自怨自艾都没有用，如若不能及时更改，就要坦然面对。家长要让孩子记住一句话："丢了什么也不能丢了心境。"不要拿自己的错误惩罚自己，不要剥夺自己作为人的平凡的快乐！

不要拿自己的错误惩罚别人

告诉孩子，要坦然面对生活并承担错误。其实，这样浅显的道理谁都明白，但知易行难，有的孩子会为自己的过错感到痛苦，有的孩子却从不情愿为自己的过错埋单。也许是无法承认过错，也许是为了一点虚荣心，也许是为了其他不可告人的原因，有些孩子总是在犯了错误之后，选择掩饰、逃避、寻找借口，甚至嫁祸于人……

拿自己的错误去惩罚别人，为自己的过失寻找“替罪羊”，是对生活不负责任的一种表现。纸永远包不住火，假的永远真不了，到头来真相大白于天下的时候，于人于己都是种伤害。

这就是搬起石头砸自己的脚，最终受罪的还是自己。家长要教育孩子，不要为错误而自怨自艾，也不能逃避责任，否则于良心上，无论如何也不会安宁，人生又岂能快乐？

不要拿别人的错误惩罚自己

告诉孩子要宽容大度，原谅别人就是善待自己的生活。“拿别人的错误惩罚自己”的行为最典型的表现就是生气、发火。

人是一种有感情、有情绪的动物，永远不生气是不可能的。在这个世界上，若要找一个从未生过气的人一定找不到，可若要找一个经常为小事生气的人却到处都有。尤其是少年，更容易生气。

家长应该告诉孩子，人人都会犯错误，给别人指出错误或是反对别人的意见也没有不对，但又何必非要选择愤怒的态度不可呢？难道不可以心平气和地讲道理吗？不可以面带微笑地沟通吗？

浮躁的人常为一点点小事而生气，其实生气是一个人对自己施加的一种折磨，使自己越来越快地衰老，严重地损害健康。《黄帝内经》记载：“怒伤肝。”一位美国科学家发现，把人呼出的气体注入一种液体，平静时液体无明显变化，伤心时则会产生白色沉淀，而生气时液体会变得混浊不清。一个人如果生气 5 分钟，不亚于 2 公里长跑所消耗的体能。

追求幸福是每个人的人生目标之一，但如何能感受到幸福又一直让很多人感到迷惘和困惑。其实，幸福的生活就在这三个秘诀里。

让孩子成为具有责任感的小男子汉

责任感能规范孩子的行为，指导他的行动。父母对孩子进行家庭教育的目的就是让孩子进行自我监督。孩子有了责任感，才会把自己的生命和别人的生命联系起来，才会产生自我价值感。

教育孩子从身边的“小”事做起

一屋不扫，何以扫天下？孩子责任心的养成有个渐进的过程，应从小开始培养，从小事做起。培养孩子的责任心，不是说孩子应该对大事负责，而小事就无关紧要。事实上，不能做好小事的人也成就不了大事业。父母不能有“等孩子长大再说”的思想，如果失去了从小培养的机会，孩子长大了也不可能就突然具有对人、对事的责任心。

当孩子表现出无助时，如果父母不理解孩子的处境，强制孩子必须完成父母规定的任务，孩子就会产生逃避心理或对立情绪。此时，父母应在尊重孩子选择的基础上，通过协商，引导孩子分步骤解决不同的问题，可以根据事件的轻重缓急，也可以根据事件发生的先后顺序，或者根据孩子的能力大小，逐步地解决问题。这样不仅可以培养孩子的责任心，而且可以提高孩子办事的能力。教育孩子，应该从整理玩具、收拾书本、吃饭、穿衣、系鞋带、睡觉、看电视等日常琐碎的小事入手。每件事只要孩子能够自己做，就必须让孩子亲自去做，不要认为孩子做事慢、做得不好而不让他做，否则他永远也不会做好。

父母不要武断地认为孩子就是想偷懒，每个人都会有各种各样的情绪冲突体验，不同时期对自我的认定也会有差异。做父母的应善于观察、理解孩子的需要，要通过对话解决争论，让孩子以积极的心态，乐于去做事，这样做事才能取得应有的成效，也才能帮助孩子发展克服困难的勇气和决心，从而磨炼孩子的意志。

不让孩子逃避和推卸责任

美国前总统里根 11 岁时，踢足球一不小心把球踢到了邻居家的窗户上，玻璃碎片掉了一地，邻居让里根赔偿 12.5 美元。里根心里想："这么大一笔钱，我该怎么办呢？"里根回到家后把事情如实地告诉了父亲，父亲面露难色地说："我想，这件事该你自己解决。"里根伤心地说："可是，爸爸，您知道，我确实没有这么大的一笔钱。"

这时，父亲说："我可以借给你，但是你必须还给我。"里根答应了，从此，里根开始了自己的打工生涯，在半年后终于凑够了 12.5 美元，把钱如数还给了父亲。

里根的父亲为了使里根明白要对自己的过失负责，坚决让里根自己面对过失。里根后来在回忆录中写道，正是父亲的这种做法才使他懂得了什么叫责任。

在中国的家长看来，里根父亲的做法似乎太严厉了，但正是这种严厉的态度，使得里根从小就明白了何谓责任。

父母要想培养孩子的责任感，就应当要求孩子勇于对自己的言行负责。不论孩子有什么样的过失，只要他具备承担责任的能力，就要让他去勇敢地面对，不能让他逃避和推卸，更不能由大人越俎代庖。比如孩子损坏了别人的玩具，家长就应要求孩子自己去帮人修理或照价赔偿。孩子一时冲动打伤了别人，家长就应要求孩子自己去登门道歉。孩子早晨磨磨蹭蹭上学要迟到了，家长也不用着急忙慌地送他，让孩子自己去面对老师的批评好了。

让孩子做自己应该做的事

应该做的事就是与孩子的能力、时间、地点、愿望相联系的一种实践行为。不能提出超出孩子能力的责任事件，孩子在能力所不及时，承受的只能是失败，从而产生逃避心理，不利于责任心的培养。孩子的能力与年龄、心理成熟状态、性别、体能等一系列因素相关，如果孩子力所能及，父母就不应该替代孩子做他能做的事。

中国的父母在这一点上做得是很不够的，他们特别地关爱孩子，所以很多时候都不愿意孩子吃苦。也有的父母认为，孩子做事太慢，做事不如己意，与其等孩子做，还不如自己做了。更有甚者，有些父母认为为孩子做的事越多，表明越爱孩子，事无巨细，一切都自己承包。

孩子的动手能力是与孩子的大脑开发、道德发展密切关联的。不能解放孩子的手脚，也就不能解放孩子的大脑。不能解放大脑，孩子的精神也就得不到发展。孩子做感兴趣的事，如果我们无视这种兴趣，就会逐渐让孩子养成懒惰的性情，孩子也就不会有对人、对事负责的态度。实践证明，只有通过让孩子独立做事，才能培养起孩子的责任心。

“大方”的孩子有人缘

孩子喜欢和其他的小朋友一起玩耍，可是有些孩子总是有一群好朋友一起玩，而有些孩子总是形单影只，这是什么原因呢？

细心的父母会发现，那些有人缘的孩子总是很大方地对待身边的小朋友，有什么好吃的一起吃，有什么好玩的新玩具大家一起玩。而那些孤单的孩子总是自己一个人玩，不愿意和他人分享。

有句话是“独乐乐不如众乐乐”，说的就是快乐经过分享后，变成了更多的快乐，快乐也是可以呈倍数地增加。

明明再过几天就要过生日了，爸爸妈妈准备为他开一个生日聚会，把班上的小朋友们请到家里来玩。生日当天，明明把班上所有的同学都请到家里来了，妈妈和爸爸忙坏了。虽然爸爸妈妈很辛苦，但看到明明和小朋友们玩得很开心，他们也很高兴。

到了聚会快结束的时候，妈妈发现蛋糕似乎不够所有的小朋友吃，因为实在是来了太多的孩子。妈妈把明明叫到身边来说：“孩子，今天的蛋糕似乎不够你们吃，同学们难得来我们家玩，要不你的那份就别吃了，让给同学们吃，好吗？”明明很懂事地说：“行啊，妈妈，你看着办吧，只要

同学们能吃到就行！”

那个晚上，同学们玩得十分开心，临走时都对明明说：“今天来你们家玩得真高兴啊，下次去我们家玩！”

大方的明明愿意和同学们分享自己的快乐，也愿意自己不吃生日蛋糕而给同学们吃，同学们都玩得十分尽兴。明明的爸爸和妈妈在家庭教育中充当了好老师的角色，培养了孩子大方、不小气自私的性格。

邻居家的丫丫来家里玩，西西很高兴，主动领她到自己的房间里玩。过了一会儿，丫丫走到客厅，坐在那里看电视，可西西没出来。西西妈妈问丫丫：“怎么不一起玩了？”丫丫扫兴地说：“西西什么也不给我玩，光让我看，没意思。”

西西不愿和别人分享，通俗一点说就是“小气”，她认为自己的东西别人不能动，自己的东西就自己一个人玩。为什么现在的孩子什么也不缺，可越来越小气呢？其根本原因就是孩子不会分享，不愿有福同享，以至于越来越自私。

孩子“小气”看似不是大的毛病，但对其以后健全人格的塑造影响深远。当今社会，人们的生存和发展需要协作配合，甚至共享。如果一个孩子从小就不懂得分享，独断专行，那么就很难形成一种良好的人际关系。

所以，父母应该帮助孩子改变“小气”，要让孩子懂事，避免蛮不讲理，要培养孩子谦让、沟通、真诚等优良品质，心里想着别人，这样才有可能共享欢乐，互利互惠，从而健康成长。

策略一：避免围着孩子转

溺爱是祸根，有的家长买回好吃的东西，看到孩子兴奋异常，就会说：“你自己吃吧！我们不舍得吃。”就是这种不舍得，久而久之便没有别人的份了。不论东西多少，都可以教孩子平均分配。

策略二：培养分享

有的孩子不愿意把自己的东西拿出来给小朋友玩，主要是担心怕丢失了，或被别人抢去。应该说，这种心理是正常的，要纠正的话，其核心就是让孩子感受到互利，所以，家长要有意识引导孩子先拿出自己的“好东西”，然后约定，下次别人来做客的时候，也要拿着他的“好东西”，这样，大家一起分享，就很容易产生快乐。

策略三：家长的榜样作用

父母是孩子的第一任老师，其言行直接影响孩子的思想。自私、小气、狭隘、算计的家长，显然对孩子是有影响的。所以，家长要注意生活细节，孝敬双方老人，有好吃的首先想着老人，经常一起分担家务……所有这些，孩子肯定看在眼里，从而改变自己的行动。

能独立自主生活的孩子更坚强

没有什么事情是一蹴而就的，培养孩子的独立生活能力也是如此。孩子年龄小，动作的熟练性、协调性较差，家长不能以成人的眼光苛求孩子。家长必须要有耐心，不能因为孩子没有做好就简单地予以否定或粗暴地训斥，更不能讽刺和挖苦孩子，而应耐心地示范和指导。

丁丁从 3 岁开始与大人分开睡，4 岁开始刷鞋、洗袜子、铺床叠被，5 岁开始学煮简单的饭菜。开始的时候真的是不尽如人意：被子叠得不方正，鞋袜刷洗得不干净，煮饭不是生心就是焦煳……然而，妈妈还是一如既往地要求他、帮助他、鼓励他、指导他。经过长期地坚持和不懈地努力，丁丁养成了耐心、独立做事的好习惯。不仅做事有始有终，还注意讲究做事的条理性和完整性。这些在生活中培养出来的好习惯还体现在丁丁的学习中，促进了他学业的进步。

美国的父母在培养孩子的独立自主能力方面，也有一套可行的方法。

美国的父母们鼓励、支持孩子们出去劳动，并不是为了让孩子赚几个小钱，而是为了培养孩子的独立能力，让孩子更早地学会独立自主地生活。很多美国的孩子每天起大早给附近的邻居送报纸，不光挣到了零用钱，也培养了持之以恒的责任心，还锻炼了身体。

美国妈妈苏珊工作的时候，请邻居家一个 14 岁的女孩为她带孩子，她很放心让一个大孩子带小孩子，而那个女孩的妈妈前几次会和她一起来，以保证她在带孩子的时候不出差错。这个孩子妈妈的目的是要培养女儿一些基本的生活能力。当然，妈妈是一分钱也不挣的。

当今社会，父母是尽可能地把孩子保护在自己的羽翼下，还是早早地让孩子独立飞翔，的确是中国父母必须做出的一个选择。“授人以鱼，不如授人以渔。”教育孩子也是如此。

现在中国的家庭中大多都只有一个孩子，孩子成了家长的心肝宝贝！许多家长认为爱孩子就是为他们多做事。所以，中国的独生子女大多存在着独立生活能力差的问题。父母如果认为孩子还小，可以先扶孩子走“一段”，但绝不能扶他走一辈子，否则会造成孩子长大了却什么都不会干的情形。有些孩子甚至觉得自己在家不需要做任何事情，反正有家长做。

家长们应该改变观念，一定要培养孩子独立自主能力，让他们多进行自我锻炼。让孩子通过参加家务劳动和简单的社会实践活动，懂得只有付出才能有所得，并从中学会独立生活的能力。

最后，对怎样培养孩子的独立生活能力提几点建议。

1. 自己的事情自己做。独立意识在两三岁的时候就有所表现，孩子开始喜欢帮助大人做一点事。家长就应该利用这个时机，进一步培养孩子的独立意识，根据情况的不同，采取不同的方式来鼓励孩子自己干活儿。可以让孩子从穿衣等小事学起，从袜子、上衣、裤子……一步一步地学习。刚开始的时候，家长在帮助他穿衣的同时就要教孩子如何穿衣，然后再循序渐进到他自己穿衣、脱鞋，自己吃饭。父母可以从孩子 1 岁的时候就让他学着自己拿勺子，这样到了三四岁，孩子就可以拿着筷子自己吃饭了。

父母教孩子洗手、洗脸时，可以做少许的帮忙，没有洗干净的地方可以帮他再洗洗，也可替他挽袖子。在教孩子刷牙时，可与其一起刷牙，让孩子有一个参照物，这样学起来会很快。

2. 让孩子帮大人做一些家务。如果你的孩子已经上幼儿园了，可以让他帮助你做一些较轻的家务活儿，如扫地、擦桌子、倒垃圾等。在他完成任务后，别忘了给他鼓励和表扬。这种方法既可培养孩子的生活能力，也让他有了一个为家长服务的意识。不过，切忌在孩子发生小差错时就对孩子大声呵斥，一定要轻言细语地进行指导，以免挫伤他的劳动兴趣。

3. 让孩子经受一些“磨难”。带孩子去郊外生活一段时间，自己搭帐篷住宿，自己准备炊具煮食。经过这种锻炼，许多孩子都愿意劳动，学会了吃苦，性格也变得坚强了。

第6章

经历过磨砺，男孩子才会越变越强

放开双手，让孩子自己去体会人生，体验生存的苦难与艰辛。因为有了深刻的体验他们才会珍惜生命，同样也会因为经历过而学会怎样才能让自己坚强。

让孩子明白生命的珍贵

生命，是个响亮的字眼儿，它强大而又脆弱。生命只有一次，如果失去了，就永远都不会回来。孩子是每个家庭的希望，是父母的全部精神寄托，承载着父母对他们的期待。父母都希望自己的孩子能长大成人，有所成就。如果孩子不珍惜自己的生命，那么，父母养育孩子的心血就全部白费了，整个家庭都将蒙上阴影。

南京某高中的一名学生，成绩一向很好，家长对他的期望也很高。一次期末考试前，父亲对他说："这次考试如果得第一，带你去上海玩一趟；得第二，有 200 元奖励；得第三，暑假得在家好好补习；考第四，就别回来见我。"结果，这个学生真的考了第四名，发榜后非常害怕，晚上也没敢回家，最终他万念俱灰，跳河自尽了。事后，他的父母悲痛不已，可是已经于事无补了。

这名学生因为父亲的话而有了严重的心理负担。其实是家庭教育出了问题，才使得孩子因心理负担太重而看轻了自己的生命，最终造成了悲剧。

世界上有许多东西可以交替变换，日复一日，年复一年，季节可以重复，春夏秋冬……唯有生命，一去不复返。每一个生命，都是一段不可重复的历史；每走完一步，都是一片不可再现的风景，生命一旦失去，将不能再挽回。

一位初三学生，在面临选择学校就读时，他毫不犹豫地选择了音乐学校，可他的父母一定要他考重点高中，否则就不再让他上学。在自己的梦想和父母的要求双重压力下，他选择遵从父母的想法，放弃了自己的音乐梦。中考成绩公布了，他以两分之差而名落孙山。在万念俱灰下，他走上了一条不归路。

父母赋予了孩子最宝贵的财富——生命。如果父母一直以自己的标准要求孩子，孩子脆弱的心灵就会不知道该如何面对压力，所以，有些年轻的孩子最终选择逃避——放弃自己的生命。

海伦·凯勒曾经说："只有失去了，才懂得珍惜。"生命是宝贵的，却又是短暂的、无价的、无法度量的。古人云："人生天地之间，若白驹过隙，忽然而已。"所以，一个人最重要的就是要懂得珍惜生命。

1. 教育孩子：生命来之不易，需要珍惜

死，是生者的痛苦。父母要充满爱意和深情地告诉孩子：生命不仅仅属于一个人，因为它连着亲人、朋友和整个社会。父母养育孩子不容易，身边的人都在关爱着他，对他寄予希望。孩子若是突然离开，身边所有的亲人、朋友和长辈们会受到严重的打击。

父母还可以问问孩子："是否愿意那些爱护自己、关心自己、喜欢自己的人痛苦？"孩子的年纪还小，都还没有体验美好且丰富多彩的人生，没有报答父母的养育之恩，没有报效国家、服务社会，怎么能选择轻易离去呢？同时，父母要反复强调，选择轻生是懦夫，是愚蠢的行为。

2. 父母应多与孩子进行思想交流，教育他们树立正确的人生观、世界观和价值观

要多用鼓励的方式培养孩子的自信心，使孩子奋发向上，百折不挠，在挫折和失败面前不低头，不放弃任何可能成功的机会。父母应时刻关注孩子的微小变化，及时在思想上“防微杜渐”，避免悲剧发生。

3. 教给孩子必要的自卫技能和自我保护的方法

社会复杂，常常发生以强凌弱、恶性伤人事件，对孩子构成危害。在现代的家庭教育中，家长要注意及时培养孩子一些自卫的技能和自我防护的方法。“兵者凶也，不得已而为之。”身为父母，不鼓励孩子去打架，但要教孩子具备遇到危害时自我保护的本领。

在这方面父母可以这样做：一是教育他谨慎做人，低调“守弱”，不要张扬，这样可以避祸免灾。二是注意日常在提高孩子体质上和身体素质上下工夫，让孩子具有随机应变、自我保护的能力。三是让他掌握一两招格斗技巧，防身护体。四是告诉孩子财产是身外之物，不必贪恋，但在别人危害到你的生命时，要果断出手还击正当防卫。五是三十六计，走为上策，面对打不赢的局面要快速撤退，远离危险。

人生路漫漫，危险的事件是极偶然的，但是为了孩子的健康成长，可以将你对孩子可能遇到的危险的担心，变成扎扎实实的行动。

世界瞬息万变，生命不可循环，不可永恒，父母在家庭教育中应让孩子感悟生命、肯定生命、珍惜生命，告诉孩子：努力抓住身边的光阴，使自己有限的生命更加充实。

培养孩子的劳动习惯

很多孩子为了学习而学习，为了漂亮的分数去学习。不去接触学习之外的世界，让他们成了只会学习的人。

一名 15 岁的中学生，家长从来不许他做家务，而要求他把所有精力都放在学习上。结果他真的做到了，不但学习成绩非常优秀，还多次荣获市级数学竞赛冠、亚军。全国某重点大学看中了他，准备提前破格录取他。可是家长再三考虑后，最终还是放弃了这个在别人眼里求之不得的好机会。因为他们担心，孩子不具备起码的生活自理能力，一个人在外地学习会不适应！

一项调查表明，目前我国城市家庭的独生子女，从来不做家务劳动的孩子占 10%，日均家务劳动时间在 1~10 分钟的占 47%，11~20 分钟的占 27%，21~30 分钟的占 12%，31~60 分钟的占 3%，60 分钟以上的占 1%，平均时间为 11 分钟（而这一时间美国为 72 分钟，韩国为 42 分钟，法国为 36 分钟）。

从不做家务劳动的孩子，动手能力就会很差，这并不能怪他们懒，关键在于家长不给他们机会，没有让他们养成习惯。一个人的日常生活自理能力，主要包括吃饭、睡觉、洗漱、日常穿着、整理房间等自我料理能力，以及最基本的烧菜、煮饭、洗衣、洗碗等家务劳动。前者是跟着自己走的，不管你到哪里，这些都要自我料理；后者是为家人和自己服务的，也是一个人独立生活的最基本要求。

鉴于此，家长可以根据孩子的年龄特点，给他们分配一些力所能及的家务劳动，最好有明确分工，以此来培养他们的劳动习惯，掌握一些简单的家务技能，进一步培养责任心和义务感。

1. 家长要善于调动孩子做家务的积极性

有些家长也注重让孩子做家务，至少是曾经这样试过。可是由于不懂得技巧，孩子一句“不高兴”，就让他没了辙。调动孩子做家务的积极性，方法有很多，但最主要的是根据孩子好胜心强的特点，适时在孩子面前鼓励他，以激发他们学做家务的欲望。最差的方式是用命令的口气，对他们指手画脚。例如，在包饺子时，你就可以在孩子面前说：“你看妈妈上次包的饺子多好吃、多‘酷’！你要不要和我比比？”听了你的话，孩子很可能就接受“挑战”：“看一看我包的，不比你差！”乖乖地过来一起干了。

2. 掌握指导孩子做家务的技巧

别看家务劳动简单，其实学起来还是有讲究的。家长在指导孩子做家务时，应当有相应的技巧。技巧掌握得好，孩子学起来就快，动作就标准，质量也更高。比如，当孩子需要家长的指导和帮助时，家长不要过来帮忙。做家务遇到困难，正是孩子学做家务的好时机。一开始他们还哇哇大叫，可用不了几分钟事情就解决了。这和解题的原理是一样的，让他们动动脑筋有好处。

如果家长非得指导孩子做家务不可，要牢牢记住，你的目的在于指导，而不是完全代替他干活。所以，只要点到为止，把最需要你帮助的事情解决了就行，否则他永远学不会。还有，家务劳动一般都是通过言传身教方式学来的，家长在做家务或指导孩子做家务时，要注重对他们进行现场讲解，告诉他们各项家务劳动的要领何在。

为了调动孩子做家务劳动的积极性，家长也可以和他们一起做。尤其是比较繁重的家务，请他们“帮帮忙”便是一个好理由。说是请帮忙，实际上是让他锻炼锻炼，但这比直截了当地说效果要好得多。而且一起劳动，既可以培养协作精神，又可以融洽亲子关系。

教会孩子一些必要的生活常识

家务劳动是一个人走向社会所需的基本能力。许多家长上小学时就会给全家做饭，可现在的孩子高中毕业后还不行，甚至从来就没有煮过饭、烧过菜（哪怕是最简单的菜）。许多家长还认为，孩子只要学习好就行了，做不做家务无所谓。其实，做家务与学习不但不矛盾，还能相互促进。因为一个人对劳动有没有兴趣，将会影响他的一生。研究表明，不管孩子出生在怎样的家庭环境，从小喜欢做家务、热爱劳动的孩子，中年以后特别能干，工作成就更大，生活也更美满。相反，从小好吃懒做、好逸恶劳的人，成年以后多不能吃苦，成绩平平。

物竞天择，适者生存。只有真正地适应了社会，真正地让自己对社会有价值，社会才会让你有立锥之地。

自从人类告别茹毛饮血的时代，已经逐渐淡忘了“物竞天择，适者生存”的残酷，取而代之的是越来越舒适的生活，人们躲在智慧的堡垒里，早就不再与自然争夺生存空间。但是，文明让人类进化的同时，也剥夺了人类作为一种生物的最本质的生存能力。科学研究已经表明，现代人类的骨质，远不如远古人类的那样坚硬，尽管现代人的平均寿命要比当时人类高出几十年。

我们的孩子也是如此，优越舒适的生活将劳筋乏骨从他们的记忆中逐渐抹去，让“何不食肉糜”的笑话变换着版本一再发生，孩子变得连闭起眼睛享受文明与智慧的成果都显得吃力。

因此，让孩子经历一次远离城市的活动，或进行一次探险，有意地去锻炼他的生存能力。这种刻骨铭心的独特体验，非常有助于他们学会在应急状态下怎样判断、决策、行动，对他们的成长不无裨益。

在西方发达国家，家长十分重视培养孩子的自理能力和自强精神。发达的市场经济环境，要求每个人都具备这种能力和精神。家长如果意识不到这一点，是令人难以想象的。可是在我国最普遍的情形是，孩子在家里不做任何家务。有时孩子在学校打扫卫生也由家长包办代替，放学回家时书包也由家长背着！

不可否认，我们的学校教育和家庭教育正在逐步远离大自然，这是需要正视的。家长应当明白，任何远离大自然的教育都是不完整和不健全的。为了弥补这个缺憾，家长很有必要让孩子离开城市呵护的堡垒，在自然中体验生存的本质。

现在的孩子，基本上都生活在家长的严密监视下。只要稍微有一点点冒险行为，就会受到家长的警告和制止。这种风平浪静、没有一点惊险刺激的生长环境，对孩子们的身心健康而言，并不是好事。一方面，它使得生活过于单调乏味，很难在脑海中留下深刻记忆；另一方面，它让孩子缺少一种独特体验，没有在应急状态下进行判断、决策、行动的锻炼机会。

鉴于此，有远见的家长，应当努力创造机会，遏制孩子的这种“退化”行为。

午夜时分，少年军校的小学员们在一阵警报声中惊醒，紧急集合到军校操场上。听说要进行夜间观察和潜听训练，孩子们个个摩拳擦掌，显得异常兴奋。

教官问："大家听到什么声音了吗？"孩子们眼睛瞪得溜圆，耳朵直竖着，竭力捕捉夜幕中传来的光影和声响，然后齐声高喊："没有！"教官命令大家："往远处听。"这时，在场的大人们都听到了，三公里以外分明有拖拉机的"突突"声。声音虽然微弱，却很清晰，可孩子们还是说什么也没听见。

教官急了："大家集中精力，有一辆拖拉机，听到没有？"这下没人吭声了。因为这些生活在城市里的孩子，有的压根儿就没有看见过拖拉机，

当然也就不知道拖拉机的声音是什么样的。更多的孩子则是从来没有过聆听远方声音的体验，当然也就没有远听觉的意识。后来，教官不得不一再启发引导，终于大部分孩子能够"听到"声音了，但仍然有些孩子说"听不到"。

专家指出，在10年前，孩子们的远听觉通常都能达到5公里以外。上述事例表明，现在孩子的身体对外界环境的适应性调节能力已大大降低：离开了空调，一动就满身大汗；

列举性思维能力下降，大话、套话会说，具体事情不会做；创新兴趣下降，教官教了 3 种打绳结的方法，要孩子们去“发明”第 4 种方法，回答大多是“我不会”“我想不出来”……怎么办？要让孩子发生改变，唯有引起家长真正的重视。

家长和老师习惯将孩子比作还未长成的树苗，总说如果不加以扶持，小树苗就不会成才。却往往忽略了它的另外一面，如果总在它干渴的时候及时浇水，总在它需要营养的时候及时施肥，那么即使它长大了，根也不够深，叶也不够茂，这样能算是成才吗？只有华山绝顶峭壁上的野松，在雪压霜打的时候，才能向所有生物昭示，什么是真正的适应，什么是真正的生存。

多跟孩子参加一些野外活动

整个世界不仅有城市的高楼林立，还有野外的荆棘和生禽猛兽。孩子们要真正地走到大自然中去，才能够完整地修炼身心。

回忆我们读小学时，学校经常举行风餐露宿的“野营拉练”活动。十多岁的孩子，无论男女，每人都背着一床又大又厚的棉被，带着换洗衣服、锅碗瓢盆、米面肉菜，白天一路行军，晚上就睡在兄弟学校的教室里。

通常每天的目标是几十公里路，为了加强锻炼，有平路还不走，偏要走山路。几百人的队伍纪律非常严明，走累了就在村旁歇息，支起铁锅煮饭烧菜，所有事情都是在老师的指导下由学生自己做。当时的孩子似乎个个都是“烧煮能手”，不会做饭烧菜的是极少数，与现在的孩子正好相反。

从生存能力来看，现在的孩子大不如以前。出现这种变化，关键还在于家长不重视、舍不得让孩子锻炼。

从某种意义上说，现在城市中正在兴起的从事野外运动的休闲时尚，正是过去“野营拉练”的翻版。既然目前中小学很少举行野营活动，那么家长有机会和孩子一起参加一些这样的野外活动，多少也能起到开阔眼界、锻炼孩子生存能力的作用。

在广州，目前规模较大的野外运动俱乐部有 10 多个，会员上万人。只要体验过露营的乐趣，每个人都会爱上这份野趣。这种露营活动大抵有两种方式：一种是休闲式的，就是到一个山清水秀的地方，一边露宿一边欣赏大自然，追求的是轻松惬意；另一种则是锻炼式的，就是“与天地斗，其乐无穷”。

每位参加过露营的家长和孩子对此都是津津乐道，有说不完的感受和故事。许多家长也希望孩子有机会参加一些这样的活动，可是总担心孩子娇生惯养，平时没有经历过这种“苦日子”，担心他们适应不了。

许多案例表明，孩子的适应能力完全出乎家长意料，而且年龄越小适应能力就越强。家长对他们有错误印象，而很多时候他们身上的毛病是家长惯的。

既然要锻炼孩子的适应能力，那么每次露宿至少要做到：从煮方便面开始的野外烹饪，基本结绳与系索技术，搭建和收起帐篷，学会在野外净化饮用水，在野外寻找食物等基本求生技术。除此以外，还应当学会掌握基本的地形学（如何看地图、辨别方向、测距等）、导航等技术。教孩子学会享受用马口铁器皿在营火上烹煮食物、用睡袋在草地上席地而眠、观看天上北斗星的乐趣。

某年暑假，正当其他家长都在纷纷筹划带孩子去哪里玩的时候，一位家长决定带刚刚读完初三的儿子去西双版纳的野象谷探险。抵达保护区野象谷的时候，正是下午 2 点。放眼四周，到处是以前只在电影里才能见到的热带丛林。看着周围那些遮天蔽日的树木、东曲西突的巨大藤蔓，听着此起彼伏的各种虫鸣和动物叫声，既令人兴奋，又感到紧张。似乎这里的每一块石头都保持着警觉，都在盯着他们这群入侵者。

一直生活在大城市里的父子俩内心充满恐惧。向导告诉他们不用怕，虽然野象随时随地都会出现（事实上，到了野象谷看不到野象群才遗憾呢），可是只要保持远距离，而且不去攻击它们，它们就不会主动攻击人。这些野象凭借着超声波，在20公里以外就能彼此进行联络。而且它们还有复杂的记忆，头脑中存有每种和它打过交道的生物的“犯罪记录”。

事实证明了这一点。当他们走了一段路以后，忽然发现背包里的香蕉被跟在后面的大象吃了个精光。也许是野象没有翻到他们的“犯罪记录”，也许是“吃了人家的嘴软”，总之并没有伤害他们。

晚上他们不得不住在依树而建的树上旅馆——那些五颜六色的、挂在树上的小房子。上面有床，也有电话，各种生活设施齐全。各个房子之间可以通过树上的空中栈桥走来走去。虽然安全，可是他们仍然担心得一夜没睡。

有了一次这样的经历，父子俩都感到，这是他们有生以来度过的最有价值、最刺激的一段时光。

对于中学生而言，生存能力比学习能力更重要。许多到国外留学的中国学生最有体会，他们在国内习惯了题海战术和揣摩老师意图的训练，到国外后最薄弱的不是学习能力甚至不是外语能力，而是生活能力和决策能力。每当必须自己独立做论文和做研究时，他们就头痛无比。

生存能力表现为对艰苦环境的适应能力，以及面临困难时摆脱困境的能力。让孩子经历一次风餐露宿，是锻炼和培养孩子生存能力最简单、最有效的办法。生存能力的训练，不但不会影响学习，而且会对学习产生促进作用。这种训练，可以培养他们坦然面对困难，并想方设法解决困难的能力和经验，非常有利于增长孩子的智慧。

因此，我们的家庭教育观念和方式都有待改进。生存能力的培养应当在家庭教育中受到重视，因为这是人类生活的基本能力。

帮助孩子走出青涩的感情困扰

爱情是一个很美好的词汇。但是，对于那些还没有成熟的孩子来说，爱情还是很遥远的事情。如果轻易去摘那颗青涩的果实，或许会因为它的苦涩而无法下咽。

中学生谈恋爱已经越来越司空见惯。然而，却很少有人能够意识到，这种现象并不单单是某种感情上的体验与探索，而是影响终身生存的大事。

孩子在猎奇感情的同时，往往会情不自禁地进入下一个环节——性爱。然而，生理与心理上的稚嫩，远远不够承担未来的责任，于是，一朵朵鲜花过早地凋零，一个个花季孩子被玫瑰的刺深深伤害。

因此，家长尤其要向孩子传授“爱情”与“责任”之间的关系，孩子体验感情并没有错，但是如果让感情危害到生活就大错特错了。

如果一个女孩真心爱一个男孩，就会运用智慧设法不让他轻易得到自己；如果一个男孩真心爱一个女孩，就不会简单地把爱理解为性关系。家长不准孩子在外过夜及异性同居，这是青春期教育的底线。鉴于此，家长应当告诉孩子怎样拒绝这“第一次”。尤其是女孩，不但不能让男孩接触性器官（“接触”就意味着即将“进入”），就连接触第二性征也不行（否则就会得寸进尺)。

目前，我国城市的婚前性行为比例超过50%、一些大城市超过80%，在此种环境下，家长要严禁中学生发生性行为是很困难的。家长既然不能天天盯着孩子，那么就应当退而求其次，严禁他们擅自在外过夜。对孩子提出的有正当理由的在外过夜，也要进行“核实”。

给孩子传授避孕知识和性病防治知识

性学专家们认为，少男少女之所以会发生性行为、女生之所以会意外怀孕，原因在于家庭和学校都没有尽到责任，没有教他们如何正确避孕。所以说，要论责任，主要在家长和老师身上，而不是这些孩子。

从本质来看，“性”是与生俱来的，并没有善恶之分。家长一定要坚持这样一条原则：在性知识的传播上无微不至，在性道德的灌输上有的放矢。也就是说，要承认并尊重中学生的性冲动，相信他们的判断力。

在瑞典，孩子在读小学时老师就给他们讲解避孕知识了。多年以前，该国首脑就骄傲地向世界宣布：“我国已经根本杜绝了少女怀孕的问题。”请想象一下，这是多么巨大的社会进步！

与避孕知识同样重要的是性病知识。从世界性病高发区来看，无一例外都是教育落后地区，这就是一个有力的证明。在欧美国家，艾滋病发病率逐年降低，主要得益于他们在大、中、小学里开展的性教育。

有些家长也许会担心，孩子本来什么都不知道，什么也不敢做，现在你教会了他们如何避孕，他们会不会变得肆无忌惮起来？一般来说，就个别人而言，这种担心是完全有可能的，但是从整体上看，这种担心是多余的。

女孩要格外谨慎教育

有人说：“生儿子的成本高，生女儿的风险大。”这里的“风险”，主要就体现在青春期阶段。

将爱情和生命真正联系在一起

中学生中的性行为比例大约占 3%，他们在初次发生性行为时 90%不用安全套，100%是瞒着家长和老师偷吃禁果的。“偷”的严重性不言而喻，由此导致的少女怀孕逐年增加。

总的来看，家长通常在“出事”以后才会重视对子女的性教育，而学校教育也通常只讲学生已经知道的，而不是他们所关心的。一份调查表明，有 85%的女中学生不能识别子宫、输卵管、卵巢的正确位置，更不了解女性排卵与生育之间有什么关系。

不少女中学生面对怀孕胎动，想当然以为是肠痉挛，自作主张服用止痛药品。由此可见，家长和学校的性教育几乎没有起到任何作用。他们应当知道，18 岁以前的女孩，子宫并没有完全发育成熟，一旦怀孕后果是相当危险的。

通常她们并不清楚自己是什么时候受孕的，等到发现怀孕时已经为时过晚。再加上迟迟不敢告诉家长，就很容易错过人工流产的最佳时机。即使要求终止妊娠，同样也可能随时出现各种严重的并发症，如引起大出血、子宫穿孔、感染等，严重损害身体健康甚至有生命危险，并且可能留下后遗症，如生育时难产或引发不孕，甚至不能生育等。

因此，将孩子的朦胧爱情和生命紧紧关联起来，确实是家长和老师教育的重中之重。

提升孩子的遇险应变能力

孩子们的生活空间并不是真空地带，面对突然而至的大自然或人为的灾难，你的孩子能否做到沉着、镇静、临危不乱？你的孩子是否已经具备基本的自救、互救知识？

人的生命是最宝贵的，养成自救自护的能力是孩子必须学习的。可是，当代青少年的自救自护意识却是非常薄弱的。

北京市青少年法律与心理咨询服务中心为考察青少年的自护意识，曾做过一次试验。当家里只有孩子一个人时，试验人员去敲门，通过多种借口如查煤气表、修理电器、检查供暖设备等，都敲开了这些学生的家门。

一些孩子错误地认为危险只是故事里的情节，在光天化日之下，危险好像是夜里游荡的老鼠，不会接近他们的现实生活。对此，家长和老师要告诉孩子，危险像疾病一样，总是在你最忽视的时候突然出现在你身边，如果平时没有足够的准备，等意识到“狼来了”的时候，一切悔之晚矣。

一天，陈思路正在复习功课，父母在休息，这时有人敲门说要查水表。陈思路想也没想，几步跑到门口，拉开了门。

没想到，一把乌黑的枪顶住了他的头。两名刑满释放的歹徒持枪入室抢劫。幸好，陈思路的父亲是警察，他首先跟犯罪分子肉搏起来。看到父亲动了手，陈思路也抓起一把水果刀，向歹徒刺去，却没扎中，歹徒用枪把打破了他的头。

陈思路又去捡父亲丢给他的一把菜刀。歹徒趁机用枪顶住了他的头开了一枪，万幸的是这一枪是臭子！陈思路一刀砍在歹徒的头上，这一刀下去，由于用力过猛，连刀都拔不出来了！后来，他又和父亲一道制伏了另一个歹徒。

激烈的搏斗中，他的父亲受了重伤，陈思路也受了轻伤。其实，陈思路家的这场肉搏战完全可以避免，方法也非常简单，就是陈思路在开门前应有所警觉，一旦发觉情况不对，马上告知大人或报警，不给犯罪分子以可乘之机。

遇到坏人是对青少年自我保护意识的一个严峻考验，一个自救意识强的人，会识破犯罪分子的伪装；在犯罪分子凶相毕露时，敢于与他进行以最终生存为目的的斗争。而对于一个自救意识差的人来说，遇到坏人时束手无策，甚至还要付出生命的代价。

1998 年 11 月 18 日是人们关注的“流星雨之夜”。凌晨 3 点多，北京市八里庄地区 14 岁的女中学生小马和表弟在看完流星雨回家的路上，遇到了罪犯庞德禄。庞犯自称是联防队员，要察看小马的证件。

当小马的表弟被支走回家取学生证时，庞犯以去派出所为由将小马带上出租车，诱骗至高碑店乡的一个小公园内隐蔽处，猛然将小马摔倒在地，双手掐其颈部，并用木棍殴打小马的头部，还用布堵住小马的嘴。见小马昏死过去后，对其进行强奸。当庞德禄发觉小马已经死亡，便用草覆盖尸体后逃逸。

据庞犯交代，他将小马带走的路上，曾不止一次地遇到行人，当时他心里很紧张，但小马并没有呼喊求救。另外，罪犯遇到小马姐弟的地方，离小马的家不过300米，距离凶案现场却有很长一段路程，庞犯还打了一辆出租车。

事后据那位出租司机反映，当时小马是自己打开车门上了车，一路上她也没有向司机示警或求救。那位司机说，这个小姑娘死得太可惜了，其实当时只要她有一点暗示，我肯定会帮助她。

在美国、英国、日本等发达国家，对青少年进行自护教育在学校里是非常普及的，从小学到中学都有相关的课程。以日本为例，日本是青少年自杀率非常高的国家，所以，他们对生命的教育是比较重视的，有一门课就是组织小学生到太平间里去感受死亡的情景，以加强学生对生命的认识。另外，日本也是一个多灾的国家，防地震、防火、防原子弹的演习，差不多每月就有一次。由于重视，所以日本青少年表现出来的自护意识就比较高。

在一次中日青少年海上夏令营活动中，到了船上，中国学生做的第一件事是找餐厅，而日本学生第一件事是看安全门在哪儿。事情虽小，却反映出两国学生对自己生命重视的差异和对危险的警惕性。中国学生首先想到的是餐厅，吃是第一位的；而日本学生却去找安全门，生命是第一位的。这就是两国老师和家长教育的不同结果。

所以，老师和家长一定要做好未雨绸缪的工作，不要等到“亡羊”后才想起“补牢”。告诉孩子遇到歹徒时千万不要惊慌，被抓住时要大声喊“救命”，并尽力拼命挣脱，尽量迅速跑到人多的地方，有可能的话应在第一时间向警察求助，此时也是最容易逃脱的时机。

如果万一被抓上车或其他交通工具，千万要保持镇静，不要吵闹，以免激怒歹徒而使自己受伤害，尽量记住车子所经过的道路、地点和有特点的建筑物。最关键的是要努力记住歹徒的相貌特征，但不要当面表现出来，以免引起歹徒的戒心，这样也会在获救后的第一时间里，给公安人员提供重要的线索，能让他们早日抓到歹徒。

如果歹徒问起家里的电话及父母的姓名，要尽量配合满足他的要求，并在可能的情况下，迅速与外界取得联系，以尽快求助相关的社会力量救援。

此外，孩子还要特别注意，上下学、游玩、购物应结伴同行，不要单独一人。外出时，父母必须明确地知道他们的行踪，并严格掌握孩子返家的时间，尤其在晚上。父母还要告诉孩子，对驾车问路的陌生人，要与车子保持一定距离。还有很关键的一点，家长要教育孩子尽量避免涉足酒吧、夜总会等娱乐场所，远离那些潜在的危险。

具备一定的自救能力是非常必要的。生活中，家长和老师要随时引导孩子养成自护自救的好习惯，但这并不是以暴抗暴。

对自我保护没有深刻的认识，就要付出代价。记住，危险并不是一种传说。

帮助孩子戒掉网瘾

这个世界是网络的世界，我们不可能不让孩子去接触网络，但是我们也要做适当的引导，别让网络教坏了我们的孩子。

15 岁的孙某因上网没钱到邻居齐某家翻钱，正巧被中途回家的齐某碰上，在网上经常“杀”人的孙某不由分说朝齐某连砍数刀，致使齐某当场死亡。在翻出 900 元后，孙某为了毁尸灭迹，将房子点燃。

16 岁的胡某在合肥市新站开发区“相约”网吧里玩一种用刀捅人的暴力游戏时，由于技术欠佳，胡某每次都被别人“捅”倒。坐在胡某旁边某同龄的少年忍不住对胡某冷嘲热讽。在网络上“杀”红了眼的胡某当即火冒三丈，抽出大半尺长的防身刀具，捅向受害人的胸口，导致受害人当场死亡，而胡某依旧沉浸在暴力游戏中。直到警方赶到现场，胡某才惊醒。

绚丽多姿的网络世界就像潘多拉魔盒，在给人类带来种种便利和享受的同时，也带来了阴暗丑恶的一面。网络犯罪尤其是青少年网络犯罪正成为一个亟待解决的令人头疼的问题。为什么青少年网络犯罪居高不下，甚至愈演愈烈？

这与青少年很强的猎奇心理是分不开的。他们渴望接触更多的人，体验各种新奇的感觉，而在有规律的家庭生活中，在制度化的学校里很难有机会来满足这样的心理需求，在网络中他们的冒险心理和模仿心理得到极大的满足。

网络中存在的暴力、欺诈、赌博、色情等不健康内容和倾向，更是网络给孩子们设计的深不可测的“陷阱”，而他们又缺少足够的判断能力和自我管理能力，因此很容易受网络“陷阱”的负面影响，性情变得焦虑和冲动。特别是在虚拟世界里失败时，一些自我控制能力差的青少年，就会不自觉地产生与现实世界混淆的念头。

现在最令家长头疼的是，网络轻轻松松地网住了很多孩子，而且网络上的重重陷阱更让他们深陷泥潭。因此，家长绝对有必要让孩子认清这些“热情”的信号，教孩子分清虚拟与现实之间的差距。

1. 诈骗钱财

网上诈骗可谓比比皆是，有许多成年人都经常会掉入这种圈套之中，更何况还在成长中的孩子？比如，有的动画片网站贩卖动画人物模型，按指定账户汇去规定钱数，结果却杳无音信；有的网页出现一些简单的问题，声称回答正确可以得到某种礼品，回答完后提交自己的电话号码和电子信箱，结果礼品没到，接到的却是推销辅导材料的电话，弄得他们不知如何是好。

不过，对于类似的陷阱，家长只要告诉孩了不贪财、不图利、不轻信、不盲从就不会轻易被蒙骗。毕竟天下没有免费的午餐，幸福也不会从天而降，要想收获就要先耕耘！

有个高中生就曾在上网时收到了一封幸运邮件，说他中了三等奖，并要他支付奖品邮费。他大喜之下，立刻寄去了几十元邮费，却一直没有收到奖品。询问对方，得到的回答是：现在由于特殊原因三等奖没有了，只

有二等奖，再寄多少邮费就行了，要么也不退钱。

中学生只好又寄去了几百元，结果却又一次上当受骗。更可恶的是，有人还会发送一些恶作剧邮件给孩子们，让其必须转发多少人，否则就会有灾难降临。成年人一看便知这是恶作剧，可以不加理睬，但正处在成长中的孩子可能就会因此感到非常恐惧，造成严重的精神负担，以至于影响身心健康。所以，面对这类无聊的邮件，唯一的办法就是让孩子不要理会，更不要相信。

2. 网上交友

互联网的出现拓展了人们的交往空间，也因此改变了某些人的交友方式，使网友逐渐成为现在年轻人中一个非常时尚的概念。但是，青少年在网上交友，通常冲动有余而沉稳不足，很容易受到一些花言巧语的哄骗，以为遇到了知音，其实却是碰见了“中山狼”，以致受到引诱、教唆、性骚扰，甚至伤害。

有两名从未出过家门的 17 岁少女在接到网友发来的邀请后，对父母谎称到外地的同学家玩，就迫不及待地赶赴网友的约会，结果两人双双被绑架。

当然，网上交友聊天，在某种程度上的确能够释放孩子在学习中的紧张情绪，或多或少地丰富孩子的精神生活，所以，对于网上交友，家长也不必要求孩子避如蛇蝎，只需要小心谨慎即可，特别是千万不要轻易将网上的朋友带入现实生活中来。

家长应该向孩子反复强调，网络上还有很多陷阱，并且骗人的招数还在不断升级变化之中。而这些陷阱像披着羊皮的狼一样，表面上看起来友善温和，可是时机一到，它们就露出狰狞的面孔，恶狠狠地要吃人！

网络对青少年的发展总体上是积极有益的，互联网上有着大量丰富多彩、迅速更新的信息，这些信息以多媒体形式反映出来，对孩子具有吸引力，能激发他们的好奇心和求知欲，扩展视野，激励创新和发现，培养独立学习和思考的能力。

面对网络陷阱，家长必须明确提醒孩子具有防范意识，防止孩子成为网络犯罪的受害者。比如，家长应该告诉孩子在网上交友时不要向网友说出自己的真实姓名和地址、电话、学校名称、密码等个人信息，不要轻易与网友见面，如非见面不可，也一定要去人多的场所，切不可去宾馆、私宅等处见面。

培养孩子的自我保护能力

自我保护，是人的本能，具备自我保护意识，是孩子向成熟的人生跨进了一大步。孩子的自我保护，不仅体现在具备防范的意识，还体现在面对危机情况时能及时进行自救。

一个未成年的小姑娘被人贩子从四川骗到广州做“三陪”小姐，待她明白了的时候，已被老板关进了8层楼的房间里。在孤立无援的绝境中，她灵机一动，写了一张求救纸条放进裙子兜里，从8层楼的窗口扔了出去，裙子像一片彩云悠悠飘到了楼下的大街上，围上来的行人捡起裙子，发现了兜里的纸条立刻拨打了“110”，没出一个小时，这位小姑娘得救了。

这个四川的小姑娘在关键时刻没有忘记自我保护，用机智挽救了自己的生命。

北京的小磊似乎就缺乏一些自我保护的意识，被坏人钻了空子。

12岁的小磊一直和母亲生活在湖南，母亲为了让他受到更好的教育，把他送到北京一所重点中学就读，还在西直门为他买了房子，请了家教老师陪着他。小磊性格开朗，活泼好动，更爱玩游戏机。他很快就在游戏厅里认识了几个“哥们儿”，年龄都比他大。小磊为了不让“哥们儿”小看自己，就跟他们显摆起自己家境的优越。他对“哥们儿”说，爸爸是部队的大官，舅舅是干走私的，家里少说也有个七八千万元。说者无心，听者有意，“哥们儿”几个没有工作，成天泡在游戏厅，眼见别人有汽车、住别墅，觉得这一次机会来了，敲他个几千万元，哥儿几个分分，这辈子不愁了。12 月 12 日中午，和小磊住同院的刘鹏约小磊出去玩游戏，小磊欣然同意，并告知家教下午的补习课不上了。下午 1 时许，家教接到电话：“小磊已被绑架，准备 4000 万元人民币赎人，不许报警。”家教以为是哪个孩子的恶作剧，未加理睬。当天晚上，绑匪又打来电话，家教才意识到问题的严重性，忙到派出所报案。14 日上午 10 时，一起索要 4000 万元人民币的特大绑架案被宣武警方侦破。

从这起绑架案不难看出，小磊在社会上不懂得保护家庭和自己，信口在“哥们儿”面前“露富”而招致横祸。教育未成年人学会保护自己，是家庭不可忽视的责任。

父母可以将以下建议告诉孩子，让孩子知道在危急情况时该如何应对。

1. 当孩子独自在家时

绝不要为任何陌生人开门。哪怕他说有什么紧急情况，或者说他是警察，或者说是你爸爸或妈妈让他来接你等。也不要门铃响了而不理会，因为小偷有时会按门铃试探是否有人在家。你可以隔着门告诉陌生人，你妈妈在睡觉，而你打不开门，让他过一会儿再来。然后，给家长或邻居打电话，告诉他们有一个陌生人在家门外，让他们不要挂断电话，直到陌生人离开为止。

2. 当陌生人跟踪孩子时

应穿过马路或者走另一条路，以避免与尾随者接触。如果这个陌生人仍然跟着你，或者他强迫你跟他走，你要大声尖叫并跑向附近有人的地方，例如，行人多的十字路口或者商店。不要往你看见的某一所房子跑，因为房子有可能是空的。如果这时你家里没人，也不要往家里跑。

3. 当孩子在夜间突然发现家里失火时

应大声叫以叫醒其他家庭成员。然后沿安全通道迅速离开房子，到达户外预先观察好的安全地带。如果屋里充满了烟，应尽量让身体贴近地面爬出屋外。如果你发现寝室的门是热的，说明火源在客厅，因此，不要开门。如果你住在高楼层，绝不能从窗户逃生，而应打开窗户，用床单之类显眼的物体向楼外的消防人员发信号。然后，尽可能地让身体贴近地面，等待救援。因为贴近地面的空气中烟的含量最少，人可以生存的时间最长。

4. 当孩子发现家中的大人躺着一动不动时，应立即给“120”急救站打电话。

5. 当孩子独自在家时，不慎用利器将自己身体的某一部分严重划伤。

如果伤口流血不止，应马上用干净布例如毛巾等，将伤口包紧。包紧的程度应能止住流血，但也不能太紧以至于伤害了自己。然后，给家长或者邻居打电话请求帮助。

第 7 章
不要让金钱腐蚀男孩的心灵

人生中充满各种各样的诱惑，而最大的诱惑来自于金钱。但是父母要让你的孩子明白一点："钱不是万能的。"更要从小培养孩子正确的金钱观，教会孩子相应的理财知识。否则，就有可能让金钱腐蚀孩子幼小的心灵，让他们成为金钱与物质的俘虏，被金钱奴役。

培养孩子正确的理财意识

家庭教育中，如果能让孩子小的时候就参与到家庭的理财中来，会使日益成长的孩子对理财有越来越多的认识，使他们理解金钱的来之不易，孩子也更能体会父母为家庭和生活付出的辛苦。

对于现代中国的孩子们来说，急需解决的问题是如何正确消费。现在的孩子所花的钱大都来自父母或家中的长辈给的零花钱，父母在家庭教育中应教育孩子学会消费，因为“学会消费”是孩子学习理财的初级课程。

现在的孩子有着两种不良消费的情况：一是不会消费，买东西要靠父母，如果自己去消费，准吃亏；另一种情况是过度消费，不能挣但会花，请客吃饭下馆子，用名牌手机等。

有些父母过分溺爱子女，唯恐自己的孩子在物质生活水平上不如人家的孩子，于是提前消费，这就给孩子带来了不良后果，使得孩子不懂得珍惜劳动成果，养成了严重浪费的坏习惯。由于孩子之间互相攀比，就容易不把心思放在学习上，使得学习成绩下滑。

针对这种情况，父母可以教孩子一些花钱的技巧，如怎样才能省钱，可以货比三家再买，看秤防止缺斤短两，适当讨价还价使商品价格合理一些，卖家里的废品以增加收入等。

在西方，著名富豪摩根家族的老摩根，当年靠卖鸡蛋、开小杂货铺起家发财后，他要求儿女每个人为每月仅 1 美元的零花钱制订一个支出账目。在东方，香港的李嘉诚每次给孩子零花钱时，先按 10% 的比例扣下一部分，名曰所得税。两人的共同之处在于要求孩子购物前必须先预估价格，确定预算，然后才能购买。

老摩根、李嘉诚不是吝啬鬼，只不过是在培养孩子们的理财意识和习惯。可以给孩子一些零用钱，但是孩子消费应得到家长的指导。最好让他们从小额的零钱、点数钞票、找零钱等开始学习消费。在指导孩子如何消费之余，鼓励孩子将所余的钱存起来，让孩子学会计划理财。但是，孩子的花钱要求还是应该得到满足的，家长可以让其帮家里买东西或者给自己买文具，淡化他对钱的好奇心。

如果说富豪们培养孩子的理财意识是为了培养接班人，那么普通人家的孩子从小树立这方面的意识同样很重要。既然家财不多，孩子们更应从小懂得尊重父母的劳动成果。以下有几种培养孩子理财意识的方法，不妨一试。

1. 建立属于孩子自己的“小银行”

在孩子 4 ~ 10 岁时父母应帮助其掌握理财的最基本知识，如消费和存储等，为孩子建立“小银行”就是其中最简单的一种。

为孩子建立个人的“小银行”，绝不是简单地为孩子开一个储蓄账户，你可以从孩子上小学开始，每周或每月让孩子自己存上 5 元或 10 元。首先，要让孩子自己对他的账户存款负责，这样他就不会养成乱花钱的习惯；其次，规定他每次花钱时使用量不准超过账户的 20%，这样他买东西时就会精打细算；最后，告诉孩子，他的账户里的钱还必须对家庭尽到一些义务，如过年过节时应该给爷爷奶奶等长辈们买些小礼物。用这些小的练习使孩子的储蓄意识不断强化。

2. 学会合理使用储蓄卡

当孩子上中学后就应改变方法。这时候的孩子对外交往多，花费越来越大，因此使用储蓄卡更有效。如果给孩子一张储蓄卡，让他们直接跟银行工作人员或取款机接触，肯定能使他们有一种长大成人的感觉，孩子会很愿意接受。首先，家长每月应给他存入一定数量的钱，例如 50 元，要求他必须在月底保证有一定的节余，如果他不顾一切用光钱，那将取消他使用储蓄卡的权利；其次，告诉孩子强行超支的后果。让孩子使用储蓄卡可使即将长大成人的孩子注意不多花钱、乱超支，将来孩子就不会乱借债去消费。

3. 自己去买礼物

在节日时让孩子自己去买礼物是教他们学会合理消费、学会合理支配钱财的良好机会。一是要让他们确定要买礼物的大致价格，不准超支购买。其次，买礼物时孩子自己必须从其“小金库”提出钱来承担礼物的 20% ~ 30%，若要使用自己的钱，孩子就不会铺张浪费，避免他们买东西时以为是在花别人的钱而不顾后果。事实上，每次让孩子购买他自己喜欢的生活用品时都可以坚持这一点。再次，鼓励孩子购买降价物品，如他们愿意实行，可给予鼓励，这样他们就会从小树立去超市或仓储商场这样的平价商店，而不是为图舒适去大商场购物的习惯。最后，假如预算超支，则应劝孩子选择其他礼物，这样才能使孩子有购物规则的意识。

还有一些是家长们应注意的事情：夫妻为金钱争吵时，最好别当着孩子的面。不要过分控制孩子的支出，只知储蓄不懂支出只能使孩子懂得理财的一个方面，同样有害。不要只给自己买东西，让孩子有关心他人的意识。

帮助孩子理财

压岁钱是每个孩子过年最喜欢的东西，但是大多数孩子都不知道怎么去合理地利用这些压岁钱，这就需要我们的引导。不然的话，孩子的压岁钱花得不得当，也就失去意义了。

“百十钱穿彩线长，分来再枕自收藏。商量爆竹谈箫从，添得娇儿一夜忙。”这是清朝人吴曼云写的一首题为《压岁钱》的诗，诗中活灵活现地描绘了一位“娇儿”得了压岁钱之后的兴奋、可爱之态。

过年时节给孩子压岁钱，是中华民族源远流长的传统。过去，压岁钱只是长辈给孩子们的一种象征性的礼物，少则数元多则数十元，主要是图个热闹、吉祥。但是近年来，随着经济的发展，很多地方特别是城市，压岁钱也水涨船高，有的孩子春节期间从长辈和亲戚那里得到的压岁钱达到数千元甚至上万元。

有些孩子轻而易举地得到了一笔钱，不知道珍惜，大手大脚地消费，买高档玩具，打通宵游戏，泡网吧，和哥儿姐儿们上高档餐馆大吃大喝，互相摆阔、攀比。这实在有违大人们向他们发压岁钱的初衷。

面对种种不良现象，有些家长干脆来个“财产没收”，让孩子将压岁钱一律“上交充公”，主宰这笔钱的不是孩子，而是家长了。

“没收”这种因噎废食的做法是极不明智的，不仅使压岁钱失去意义，触发孩子的逆反心理，更重要的是家长失去了一次引导孩子树立正确的金钱观与消费观、培养优良品德和自立精神的大好机会。

原则上只有孩子享有压岁钱的支配权。至于怎样很有意义地花压岁钱，父母只有引导和建议之责，而决无“没收”“代管”之权。

上海刘女士的儿子正在读小学六年级，2005 年春节时收到了 1000 多元的“压岁钱”。在刘女士的引导下，儿子主动用部分压岁钱到上海书城买了很多自己喜欢看的书。看到儿子正确消费，爱书、买书，陈女士心里就特别高兴。花钱买书当然是一件好事。

在北京小学读书的古风同学收到几千元压岁钱后，听取爸爸提出的建议，父子俩投入相同数量的钱，成立一个“上学基金”，古风很乐意自己上中学的学杂费、书本费等一律从这个基金中开支。

有一对双胞胎女儿的吴先生在广州一家金融机构工作。孪生女儿每年都能收到一笔“压岁钱”，吴先生通俗简明地向女儿们讲了投资的基本原理，在征得女儿同意后，每年都用两个孩子的压岁钱进行投资。他和女儿一起去银行，投资所开的户名是孩子的——当然孩子的年龄已经符合银行开户的规定。每年年底时，吴先生都会告诉孩子目前的投资情况，不仅让孩子分享投资的收益，更分享到投资理财的经验。

总之，身为父母不能简单“占有”和“没收”孩子们的压岁钱，但也不能过于放任，任由孩子很快地将压岁钱胡乱挥霍。只要父母正确地予以引导，他们就会主动地将压岁钱花到有意义的地方。

父母可以引导孩子利用压岁钱交纳自己的学费，这是培养孩子的自立精神和家庭责任感的最好途径。还可以让他们拿压岁钱订购书刊，帮助孩子增长知识、开阔眼界，养成爱读书的好习惯，小伙伴之间又能交换阅读，增进彼此的情谊。

购置学习用品及益智玩具也是不错的选择。实用便捷的学习用品能促使孩子提高学习效率，帮助孩子学好功课；而益智玩具有助于启迪思维，增长智慧。当然，要避免盲目购买高档玩具。

除此之外，父母还可以利用“压岁钱”培养孩子的爱心，让孩子适当地捐助“希望工程”，为贫困落后地区的同龄人奉献爱心，帮助失学少年儿童上学，开展“一帮一”活动等，这种行为有助于培养孩子助人为乐的精神和博爱之心。

给长辈或孤寡老人买礼物也是孩子爱心精神的体现。在长辈或孤寡老人生日或一些有意义的节日，让孩子用压岁钱买点经济而有意义的礼物，能很好地培养孩子敬老的美德。

让孩子到银行以自己的姓名开户，参加储蓄或购买国库券，支持国家建设，同时培养孩子理财和节俭计划开支的良好习惯。

总之，无论如何处置压岁钱，家长最好在一旁提供一些建议，给孩子讲清楚道理，至于到底把钱花在哪方面，最后得按照孩子的意愿，由他们自己说了算。父母采取命令的方式是不适当的，也是抹杀孩子财商自由发展的一种做法。

让孩子有“借钱”的机会

很多时候孩子都认为花父母的钱是理所应当的事情。如果形成了这样的观念，以后孩子长大了有可能会成为“啃老族”。孩子没有钱，可以先“借”给他们，让他们知道这些钱只是暂时先向父母借的，而不是理所应当拿的。

刘华的同学快过生日了，他想买点礼物送去，但又不好意思直接向父母开口。因为前两天妈妈刚给他买了学习用品，一共花了300多元。于是他向爸爸说：“爸，您借我30元，我以后会积攒零花钱还您。”

刘爸爸听了既好笑又好气：“羊毛出在羊身上，你的零花钱还不是我给你的？以后要用钱就直说，不要变着法儿来诈我！”

刘华听了很委屈地说：“爸爸，我是认真向您借钱的！您平时给我零用钱不是由我支配吗？那我就把零花钱攒起来还您借给我的钱，行吗？”

刘华居然主动向爸爸借钱，看似有些不合情理，细细想来，其实他有着很强的自立意识。刘华的父亲应该抓住这个契机，向他讲解一些理财知识，使他亲身体验借钱还钱的全过程，极早形成正确的个人理财观念。这对于他成年后的正确消费和经济独立意识会产生深远的影响。

当今时代，一个孩子从20岁左右，就要开始面对经济上的考验。为此，明智的家长会在孩子未成年时就培养他们良好的理财习惯，在借钱之前，让他们反复思考：“为了借到钱，我使自己背上还债的负担值得吗？”那么，孩子长大后就能从容地应对理财，在他们的人生道路上获得经济上的独立。

明智的父母会将孩子变成自己的债务人，给孩子的最高借贷额不会超过 2 个月的零用钱。如果家长每个月给孩子 30 元作为零用钱，那么给他的最高借款额就是 60 元。同时，还款期限应以两个月为宜。如果把还款时间拉得太长，很可能影响孩子的生活和学习。记住，你的目的是让孩子养成理财的好习惯。如果他们抱怨时间太短，你一定要有耐心，提醒他们既然签署了协议就应该执行。

不允许孩子拖欠或抵赖欠款也是必要的措施。父母借钱给孩子的一个重要原则就是让孩子必须归还借款，而且在规定的时间内归还。所以，当你向他们收取欠款时，不要接受任何不还钱的借口，不应该让孩子养成拖欠甚至抵赖的坏习惯，否则，他们就不会深刻意识到理财是一项严肃的事情。如果父母妥协，孩子就学不到关于理财最重要的一课，即千万不要在没考虑清楚的时候就去借钱。

家长应该让孩子的自主借钱尝试成为一次成功的经验。当孩子第一次按期、如数还清欠款后，他们会因自己能够守

信用、履行诺言而倍感自豪。当然，为了按期还钱，孩子不得不放弃本想购买的东西，这种感觉会让他们觉得痛苦。但恰恰因为如此，以后他们再想借钱买一些意义不大的东西时就会更加谨慎了。这可以说是整个尝试过程中最大的成功。

反之，如果孩子没有这种体验，他们的理财观念不够成熟，那么，他们成人之后很容易用掉信用卡里的最后一分钱，使自己的生活入不敷出。

因此，如果孩子主动向你借钱，那是值得庆幸的一件事。你应该和他签订一份正规的借贷合同，然后把钱借给他。在孩子“负债务”的过程中，他们会体验到借钱买东西，然后花上几个月还债的感受，他们会明白债务是一种严肃的责任。孩子积累了理财的经验，等他们成人之后，就能负责任地处理较大数额的存款了。

父母也要允许孩子在这个过程中犯错误。倘若孩子借钱想买的东西，你觉得无用或很可能上当受骗，也不要过多地干预他的决定。他买了之后会慢慢后悔，这也是促使他增长经验的有效途径。如果孩子确实后悔了，教育的目的也达到了，以后他会谨慎行事。

让孩子学会怎样花钱

有些家长总是不大愿意给孩子太多零花钱，怕孩子不会买东西，什么东西都帮孩子买。但是这样做的结果是，等到孩子长大以后，还是不会消费。

上初中时，酷爱流行音乐的肖棣想买一个随身听，四五百元的东西对于工薪阶层的父母来说，已是价格不菲的物件了，于是父母提议陪他去购买。但是肖棣说："爸、妈，您二老就省省心吧，如果我买回来的随身听货不真价不实，你们就扣我两个月的零花钱！"

肖棣打开电脑，先上网搜索了一番，对几种品牌随身听的型号、功能、价位进行了仔细了解。星期天的时候，他又到附近的超市和专卖店逛了一圈，回来时带了许多品牌和型号的随身听的说明材料以及一些商场促销活动的宣传单。

经过反复对比，肖棣决定"十一"期间到附近一家"国美"商店去买。在"十一"那天，肖棣如愿购买到了属于自己的随身听，品牌和型号与妈妈的一位同事的女儿十天前买的一模一样，但是少花了 80 元钱。这样一来，他的零花钱不但没有被扣，反而额外增加了 80 元。

现在家长为孩子做的事情太多，以至于一些孩子上大学之后，才发现自己从来没进过银行，也没有在自己手里产生过大额的消费。这对孩子来说，是一种缺陷和遗憾。父母总是害怕自己的孩子在购买高昂价格的商品过程中，会上当受骗，会浪费金钱，花了钱却买不到好东西，于是很多家长情不自禁地越俎代庖，很多孩子变成毫无经济意识里的“小白”。

如果是买一支圆珠笔或一个练习本，相信很多家长都会让孩子独自去。但是，如果要购买像平板电脑、电视机、电脑之类的“大件商品”，能够大胆放手，让孩子独自选购的家长恐怕不会很多。

现在有很多大学生还不会自己买东西，有些人买电脑甚至要将父母不远万里地从家里叫来，这难道不是家长“包办购物”所造成的后果吗？

其实，让孩子掌握一些购物理财技巧，放手让他们自己做主选购一些比较贵的商品，可以培养孩子独立生活的能力，使他们成为一名聪明的消费者。更重要的是，给他们提供了一个提高财商的机会。也许他们第一次可能买得贵了，但这并不是浪费，存留在孩子脑子里的理财观念，是家长花多少钱也买不到的。

孩子第一次想购买价格较贵的商品时，家长应该给他们以下几方面的指导：

1. 想清楚购买的必要性

在孩子购买比较昂贵的物品前，家长有责任启发他想想：为什么我一定要买这个商品呢？我用它的次数很多吗？一定要现在购买吗，可不可以等一段时间？

2. 寻找和了解目标商品

当孩子经过反复思量决定买某个东西时，为了找到最中意的，告诉孩子通过以下途径全方位地寻找和了解目标商品：该商品有哪几种品牌，不同品牌、不同型号的功能有何不同，不同品牌、不同型号价格有何差别，其他人对这一品牌和型号是如何评价的。可以让孩子带着以上问题，独自到商场或专卖店去深入了解，也可以通过互联网了解如上商品信息。

3. 货比三家

让孩子通过以下渠道，对他们所要购买的商品进行比较：很多商场在节庆日会开展打折促销活动，尽量挑选这个时候购买。看最新的报纸、杂志，以寻找优惠券和优惠套餐。也可以从别人那里借来超市、大型商场的打折卡。还要让孩子学习一点“砍价”的办法，敢于和善于“砍价”，以争取到最便宜的价格。更应该让孩子注意一些“学生优惠”信息，尝试用学生证争取打折机会。

现在很多青少年热衷于网上购物，这虽然比较便捷，但是存在着诸多陷阱，应特别注意。家长要指导孩子从信誉较好的网站购买，还要告诉孩子小心网络诈骗。打印所有相关该商品的信息，保存交易凭证也是必要的。

总之，让孩子独自去购物，不仅可以锻炼他们的自立精神、计算能力，而且可以使他们在实践中积累一些非常有用的消费知识和技巧。如果他们在独自购物的过程中，注意运用上述细节，那么他们的财商无疑会得到很大的提升。

鼓励孩子做点“小生意”

经济头脑不是与生俱来的，要从小培养。家长除了要求孩子好好学习之外，应该鼓励孩子做点“小生意”，这样既可以丰富孩子的业余生活，又可以让孩子体会到生活的艰辛，更能够让孩子的“财商”不断增长，何乐而不为?

在炎热的暑期，孩子自作主张，当街摆起一个小茶摊，当起“茶摊老板”，做起生意。对此，有许多中国父母恐怕接受不了，可能会立即出面逼迫他们“停业”，并且呵斥：“快去读书学习！小孩子家瞎折腾什么！”

财商的素质是什么？这意味着孩子未来或许根本不需外出奔波，不需在别人那里谋到职位。他们完全可以自己做生意，自己为自己创造就业机会，自己主宰自己的命运。因此，从长远来说，孩子在少年的时候尝试做一点小生意，对他们未来的生存和发展有着重要的意义。

在做小生意的过程中，孩子会领悟到只有付出才有回报，在获得报酬前先要为他人提供价值的道理；他们会懂得根据市场需求提供产品和服务的商业思想；他们还会掌握为自己的生意进行广告宣传的直接经验。在经营自己的小生意的过程中，既锻炼了孩子的能力，又增强了他们的自信心和独立性，更为重要的是，培养了他们的财商。所以，明智的父母会在恰当的时机指导孩子做点小生意，并给予适当的帮助和指导，而不是一味地用“快去学习”给予粗暴的“封杀”。

孩子可以自主尝试的小生意形式很多，替别人看孩子，或者替人遛狗都是不错的选择。家长要启发孩子给自己的产品和服务合理定价。通过市场调查和成本分析，来估算自己的服务和产品值多少钱，即使客户易于接受，又使自己有利润可赚。设计和制作独具个性魅力的名片以及产品、服务宣传单也是必不可少的一个步骤。

之后，孩子就可以独立地向邻里和路人散发宣传单了。业务开展起来之后，策划简单的促销活动，是吸引客户的重要手段。上述这些要点，家长只能给予孩子启发和引导，最终的经营决策一定要由孩子自己做出。如果家长越俎代庖，替孩子把一切都设计好了，那就失去了孩子自主做生意的教育意义。

家长一定要摆正自己的位置，是孩子自己在经营自己的小生意，而不是父母去经营孩子的生意。父母应该做的，是在必要的时候给予孩子一定的帮助。比如孩子小生意的启动资金不够，这时你可以借贷的形式借给孩子部分资金，让他们收回成本时如期归还。

父母还要提醒孩子量力而行，不要让自己的生意与商业经验丰富的成人们经营的公司竞争。例如，孩子在选择自己的经营项目时，要尽量避开专业的草坪护理、动物饲养、全面到位的家庭保洁等要求较高的服务；而应该选择那些简单易行的工作，比如扫树叶、除草、铲雪、看护小孩子等项目。尽量让孩子对初次做生意的经历留下成功而良好的印象，而不是承受过度的竞争压力。

当然，提醒孩子注意安全也是绝对要放在第一位的。你可以问问孩子，在替人家清洗马桶的时候戴不戴手套？这样的用意在于告诉孩子，不管现在还是将来，不管从事什么工作，安全总是第一位的。如果孩子的小生意取得了进展，即使获得了微小的利润，父母也应该及时地给他们以鼓励，可以举行一个小小的家庭庆祝会，也可以送给孩子一件特别的礼物。这样的表扬，可以激励孩子更进一步地发挥自身的主动性、创造性和吃苦耐劳的精神。

给孩子真正的财富

我们培养孩子创造财富的能力比直接给孩子钱要好得多，因为前者才是真正的财富。

在训练孩子当个有经济头脑的人之前，你必须先耐心地告诉孩子一个观念：什么是真正的财富。许多人花了一辈子的时间在追求财富，结果，钱财有了，却赔上了人生、家庭幸福与健康。金钱为他们带来舒适与便利，却也让他们变得孤独，感到人生乏味。

很多人刚踏入社会时兴致勃勃，运用他们在求学阶段所学到的经济常识和投资概念，急欲在社会上大展身手，经过一段时间的奋斗后，他们赚取了金钱，得到了名利，可是却迷惘了，人生的意义何在？

他们变得不快乐，变得烦躁，怨声连连。为什么会这样呢？因为他们只忙着追求金钱上的财富，却忽略了心灵上的财富。所以，当你的孩子稍大一点，作为父母必须指导孩子去认识什么是真正的财富。

青少年时期是决定一生发展的重要阶段，也是价值观确立的重要时期。每天我们都能从各种报刊或电视上获得青少犯罪的消息，面对这样的社会新闻，你做何感受呢？是替这些青少年感到惋惜？还是庆幸自己的孩子不是其中之一？或是担心有一天，自己的宝贝也会受到影响？

不得不承认，青少年的价值观是成年人给予的。社会上经常灌输给大家这样的观念：开什么样的车子，住什么样的房子，才是成功的男人；穿什么样的名牌服饰，拥有什么样的地位，才是成功的女人。如果评价一个人是以外在的包装为标准，青少年怎么能不会受影响呢？怎么不会以此为羡慕与追求的目标呢？警方频频查获未成年少女在酒店、KTV 担任不光彩的角色，就是最明显的证明。

拜金主义盛行，严重地影响了青少年的价值观。有些女孩居然振振有词地说："这都是为了要提早成功。"为了满足高涨的消费欲望、得到同伴的虚幻的赞赏，许多青少年还来不及确立正确的价值观，就已经在花花世界中沉沦迷失了。

为了不让孩子迷失在金钱里，你必须进一步加强孩子的金钱教育，引领他去认识真正的财富，去追求真正的财富，进而成为一个真正富有的人！

首先，教育孩子抛开虚荣心是非常必要的。曾经有一则新闻报道说，美国前总统布什的夫人，有一回参加国宴，颈上竟然戴着一串价值 20 美元的假珍珠项链，但是布什夫人丝毫不以为意，一串便宜的假项链并无损于她的地位，反而为她赢得更多的尊敬。

家长应该让孩子知道，一个真正成熟、富有的人是不会太在意外在的装扮的，反而是没有钱的人才喜欢装阔。没钱的自卑让他们忐忑不安，觉得低人一等，他们的内心常在交战："我只能用这种便宜货吗？"面对一件买不起的物品时，考虑"虚荣"往往比考虑"价格"的时候多。结果，越没钱越装阔，越装阔就越没钱。

为此，家长应该以身作则，抛开虚荣，让孩子在无形中会受到潜移默化的影响。倘若孩子受到同学或社会的影响，养成了虚荣心，你不妨告诉他布什夫人的故事，并且为他分析虚荣的弊端。

其次，家长要指导孩子怎样追求心灵的财富。加强价值观的灌输应该在孩子的少年时期。青少年的判断力已经逐渐增强，他们有能力在一定范围内分得出什么是好的、什么是坏的，只是他们很容易受到外界的影响。

所以，在引导孩子追求心灵财富时必须采用技巧，尤其是想把他从流行里拉回来，更需要一番智慧。最好的方式是，你能试着从孩子的角度看事情，设身处地为孩子想，然后客观地、理性地和孩子沟通，为他们分析讲解。

另外，家长还必须以身教代替言教，为孩子立下一个好的典范。最不好的情况是，用责骂或命令的方式要孩子做这个做那个，别忘了，你的孩子已经大了，他开始有自己的主张，高压式的教育方法，只会把他逼得离你远远的。

此外，你还可以鼓励孩子多追求心灵的财富。一个懂得追求心灵财富的人，对物质的需求会相对地降低，他可以判断出什么才是最有价值的、最重要的。所以，我们的孩子如果能及早拥有心灵财富的话，就不会为了满足自己的欲望而时时向家长伸手要钱，也不必担心他会迷失在五颜六色的花花世界里了。

心灵财富最好及早培养，青少年的可塑性大，对任何东西都充满好奇，正是培养兴趣、丰富心灵的大好时机。比如说，家长可以介绍孩子去当义务工。担任义务工有许多好处，除了把自己的精力奉献在对别人有帮助的事情上，还可以结交新朋友，建立新观点。

最有价值的，莫过于从中体会服务奉献的快乐。担任义务工可以让孩子重新思考财富的意义，对于建立正确的价值观，是很有帮助的。

正确培养孩子的财商

财商不是天生的，而是后天培养出来的。父母是孩子的第一任老师，所以说父母在培养孩子的财商方面有不可推卸的责任，及早培养孩子的财商就可以及早让孩子自立。

从现代家庭教育来看，培养孩子具有经济头脑，不仅是一种生存教育，而且是一种素质教育。生活的实践证明，那些经济上能自立、不依赖父母的青年人，在学业和事业上都发展较好，而有的青年虽然早已走上工作岗位，成家立业，却仍旧依赖父母。审视这些青年，大多数缺乏上进心和勤奋精神，不以不能自立为耻，反以被父母接济为荣，千方百计算计父母，有的还为了争遗产而大打出手，这的确是发人深思的。

其实，理财能力是当代每一个人都必须具备的基本素质，它直接关系到人一生中的发展和幸福。在今天以经济建设为中心的时代，这种能力的重要性就显得更加突出了。然而，与世界上发达国家相比较，我国的理财教育却相当落后，对青少年来说更是如此。尽管在成人理财教育方面，我们已或多或少地做了一些工作，但在青少年理财教育上，直到今天却仍然是一片空白。

要使孩子具有“经济头脑”并不难，首先，应使孩子了解父母的收入情况，可与孩子共同讨论家庭支出计划。在消费方式上，父母要与孩子取得统一认识。然后，就可以帮助孩子了解各种东西的价格，了解“钱”对自己生活和发展的意义。例如，当孩子在生日闹着要和他的伙伴一起去吃肯德基庆祝时，家长可以与他算一笔账：四个人去吃一顿最少要 100 多元，这笔钱可以为他买一件漂亮的衣服，也可以买只鸡自己在家吃，能吃两顿，余下的钱还可以买两本书。然后，还要使孩子了解，父母怎样工作和劳动，钱是怎样挣来的，什么是诚实劳动，什么是坑蒙拐骗，等等。

家长还要创造条件，引导孩子用自己的劳动去获取报酬，让他们及早知道生活除了享受以外的部分。比如在寒暑假，让孩子参加一些力所能及的临时性劳动，体验劳动的艰辛，这对孩子是大有好处的。

孩子对待金钱的看法也是家长教育的重中之重。青少年的人生观和判断力还未成熟，难免会对金钱有着一些不正确的理解。有些孩子花费不菲用到追流行、追星上面，这也是可以理解的，但是家长必须及早引导孩子树立正确的财富观，免得孩子越陷越深，最后不能自拔。

家长要让孩子懂得，人生在世，有许多东西是金钱买不来的，如知识、健康、友谊、幸福、情感、名誉、事业、贡献等，聪明勤劳的人是金钱的主宰者，只有智慧与劳动能创造一切。

如果在亲朋好友中有令人羡慕的“大款”，也可以让孩子与这些人接触，了解他们创业的艰辛，了解他们的自信心和发展事业的创造精神，而不应只看到他们“财大气粗”。当孩子有机会步入高消费场所时，应借机教育孩子，是因为父母、亲友敢于创造，努力拼搏，开拓事业，才有了自己的社会地位和经济实力，才有资格去消费。而这一切是需要付出智力和体力的巨大代价的，想不劳而获是不可能的。这样，就可以启发孩子考虑自己的理想和个人发展方向，不局限在浅层的物质享受和追求上。

教育专家们纷纷指出，早在儿童（6~12 岁）这个阶段，就应该着重在观念上建立理财计划。想想现在的情况，父母、老师们都倾其所能地传授给孩子种种知识，唯独疏忽了金钱教育。因此，很多孩子到了青年，甚至到了成年时，还搞不清楚钱的真正意义与用途，怎么样买东西才算是合理的消费，吃了亏也不知道该怎么办，毫无支配与管理金钱的能力，不是寅吃卯粮，就是成为一毛不拔的铁公鸡。

家长们应该警醒，对青少年的金钱教育，家长所应负的责任非常大，因为家庭生活正是金钱教育的现成教材。你为了家庭生计而努力工作，以及为了维持收支平衡、量入为出的消费方式，都能传达给孩子很好的价值观念。只不过家长们对这些事习以为常，忽略了对孩子的教育，白白丧失了一个又一个很好的学习机会。

缺乏正确的金钱观，再完善的理财计划，也无法让孩子累积财富；缺乏正确的金钱观，还会影响孩子将来的事业与人格发展，甚至会让孩子走上歧途，影响不可谓不大。

要“会”给孩子零花钱

给孩子一些零花钱是很正常的事情，但是很多家长却不会利用这个机会对孩子进行教育，殊不知，给零用钱也是很有技巧的，如果“不会”给的话，就可能适得其反。

“如果孩子需要钱的时候，只管开口要就好了，我们通常都会给他。”大多数家长都这么说。对于一个孩子而言，处理不属于自己的钱就像是在骑一辆两轮脚踏车时，旁边有人跑着帮他平衡车子，他会因为你的导引而保持平衡。但是正因为他不能自己平稳地骑脚踏车，他便永远无法走得更远。

父母们应该问问自己，你会因为孩子没有把自己洗好的衣物叠好，或是没有依照要求摆餐桌就扣下零用钱吗？你会因为孩子没有做家庭作业，或不肯吃玉米粒，就不给零用钱吗？你会因为孩子对邻居亲切友善或考试成绩不错，而增加零用钱的金额吗？

1. 坚决不要将孩子的零用钱与家事相关联

一位母亲说了这样一个把零用钱和做家事混为一谈的故事：“我告诉我儿子，若是不做好每一件应做的家事，我就每次扣他一块钱的零用钱。

我所扣下的零用钱一星期比一星期多。有一天，在检查房间时发现他有很多工作没做之后，我发火了。我的儿子看着我的眼神，像是在看一个疯子。‘听着，’他说，‘既然我真的对钱没兴趣，那么我为什么还要做那些家事呢’？”

孩子喜欢被人称赞、被拥抱，以及接受完成一件任务之后的庆贺。他们喜欢一种全家人共事的归属感。尽管如此，有时他们的责任感还是会被怠忘，或因想出门做某件事的渴望所变小。仅仅是将任务与金钱挂钩，并不是一个好办法。

而且，这其中还隐藏了另一层关联——只要不拿钱，他就可以“出去玩”。这并没有教导孩子明白家长想要他了解的价值观：家中的每一位成员都得有责任感分担家务。

2. 不要将孩子的零用钱与学校的作业关联

如果贿赂孩子以求学业上的良好表现，你就是利用了他们的贪婪之心，并且剥夺了他们在学业成绩上的自尊。如果奖赏一个随随便便就得到 100 分的聪明孩子，却不奖励一个智力平平、虽然努力却只得到及格的孩子，你就等于在家里建立了一套令孩子灰心丧气的不公平系统。

家长该怎么做才能教孩子知道他们的努力是很宝贵的？像是野餐等这类非预期的特别待遇，可以当作孩子在学校课

业上努力用功的很好奖励。这么做就等于在说，他们在学校课业上所投注的一切心力都有其宝贵的价值。但是千万别事先作任何承诺，否则你就又在贿赂了，也别习惯性地每当孩子一有好的表现就提出特别的待遇奖赏他们。

孩子的一份优良成绩单可以并且应该偶尔获得一些非物质的奖励，例如一段亲子共度的特别时间、一顿孩子喜爱的晚餐、偶尔放宽家庭作业的规定。记住，没有比“被需要”的感觉还更有力的奖励了。

3. 坚决反对家长将孩子的零用钱与爱关联

如果你赞同零用钱应被视为一种理财工具，你便能马上看出零用钱与爱之间并没有关联。然而，我们却很容易一不小心就落入把零用钱和关爱扯上关系的习惯中：“因为我爱你，所以我要多给你一些零用钱。”

这是非常危险的。若是你的孩子相信你的做法，你便要面临许多种可能性。他可能会以为钱也能买到爱情和友情，也可能会老是买礼物送朋友或常常宴请朋友参加活动。他可能学会以金钱作为标准来衡量亲戚间的关爱。举例来说，如果你一定得减少他的零用钱（因为家中经济状况不佳），他可能就会以为你不爱他。这些当然不是家长想传达的讯息。

用故事引导孩子的金钱观

现实社会中，每个人都会接触到金钱，也离不开金钱，但各人的金钱观却不相同，我们要引导孩子树立正确的金钱观。但是简单的说教总是枯燥无味的，我们要学会灵活运用方法去教育孩子，比如说故事。

故事是孩子最贴心的朋友，也是孩子最亲密的老师。从故事里面，孩子能得到心灵的滋养，也能认识人情世故与广大的世界。故事可以把抽象的、复杂的概念，化成孩子能懂的情节，所以，让孩子从故事中认识金钱，是一个聪明而又简单的方法。

第二次世界大战前，肖恩家是城里唯一没有汽车的人家。他父亲是个职员，整天在证券交易所那如同“囚笼”般的办公室里工作，假如他父亲不把一半工资用在医药费以及给比他们还穷的亲戚上，那么他们的日子还过得去。

事实上，他们家是很穷的。他母亲常安慰家里人说：“一个人有骨气，就等于有了一大笔财富。在生活中怀着一线希望，就等于有了一大笔精神财富。”

几星期后，一辆崭新的别克牌汽车在大街上那家最大的百货商店橱窗里展出了。这辆车已定在今夜（他们城市的市节）以抽彩的方式馈赠给得奖者。不管肖恩有时多么想入非非，也从来没有想到过幸运女神会厚待他们这个在城里唯一没有汽车的人家。

当扩音器里大声叫着他父亲的名字，明白无误地表示这辆彩车已属他们家所有时，肖恩简直不相信这是事实。父亲开着车缓缓驶过拥挤的人群。肖恩几次想跳上车去，同父亲一起享受这幸福的时刻，却都被父亲赶开了。最后一次，父亲甚至向他咆哮："滚开，别待在这儿，让我清静清静！"

肖恩无法理解父亲的感情。当他回家后委屈地向母亲诉说的时候，母亲却似乎非常理解父亲，安慰他说："不要烦恼，你父亲正在思考一个道德问题，我们等着他找到适当的答案。"

"难道我们中彩得到汽车是不道德的吗？"肖恩迷惑不解地问。

"汽车根本不属于我们，这就是问题的关键。"母亲回答说。

他歇斯底里地大叫："哪有这样的事？汽车中彩明明是扩音器里宣布的。"

"过来，孩子。"母亲温柔地说。桌上的台灯下放着两张彩票存根，上面的号码是 348 和 349，中彩号码是 348。"你看到两张彩票有什么不同吗？"母亲问。

肖恩看了好几遍终于看到彩票的角落上有用铅笔写的淡淡的 K 字。"这 K 字代表凯特立克。"母亲说。

"吉米 · 凯特立克，爸爸交易所的老板？"肖恩有些不解。

"对。"母亲把事情一五一十地跟孩子讲了。当初父亲对吉米说，他买彩券的时候可以代吉米买一张，吉米咕哝说："为什么不可以呢？"老板说完就去干自己的事了，过后可能再也没有想到过这事。348 那张是凯特立克买的。现在可以看出那 K 字是用大拇指轻轻擦过的，却能看见淡淡的铅笔印。

吉米·凯特立克是一个百万富翁，拥有十几辆汽车，他不会计较这辆彩车。“汽车应该归我爸爸！”肖恩激动地说。

“你爸爸知道该怎么做的。”母亲平静地回答。不久，他们听到父亲进门的脚步声，又听到他在拨电话号码，显然电话是打给凯特立克的。第二天下午，凯特立克的两个司机来到他们这儿，把别克牌汽车开走了，他们送给父亲一盒雪茄。

直到肖恩成年之后，他才有了一辆汽车，随着时间的流逝，他母亲的那句“一个人有骨气，就等于有了一大笔财富”的格言具有了新的含义。回顾以往的岁月，他才明白，父亲打电话的时候，是他们家最富有的时刻。

“一个人有骨气，就等于有了一大笔财富。在生活中怀着一线希望，就等于有了一大笔精神财富。”金钱对孩子人生的教育意义可以从古今中外太多的故事中找到，关键看家长怎样去启发、引导孩子。

价值观决定孩子一生

“什么是生命中最有价值的东西？”“什么是生命中值得付出的东西？”这些都是我们要告诉孩子，我们要让孩子树立正确的价值观，因为价值观决定孩子的一生。

“爸爸，我们家的房子为什么没有别人家的宽敞，也没有别人家的漂亮？”

“妈妈，为什么胖胖家的车比我们家的好？”

“我们家很穷吗？”

“我们家很富吗？”

“爸爸，佳佳的爸爸开公司当老板坐‘大奔’，亮亮的爸爸骑自行车还是辆破车，是不是当老板比做大学教授更好？我长大了究竟是去当老板还是去当大学教授？”

我们怎样回答孩子的问题？讲一番大道理？敷衍塞责？不回答？实际上，作为家长，没有人比我们更明白，无论怎样的回答都将面临各种各样的尴尬！

这个时候，明智的家长会告诉孩子，并不是所有价值都可以用数字来衡量。比如爱因斯坦一生醉心科学，厌恶追逐金钱，大额英镑被他随意当作书签。在他看来，每一件财物都是一块绊脚石，一个人的价值并不表现在财物中。

当爱因斯坦来到普林斯顿的高等科学研究所工作时，当局给了他高薪——年薪1.6万美元，他却说："这么多钱，是否可以给我少一点？给我3000美元就够了。"

爱因斯坦对自己的衣着也从不讲究，他常常头戴草帽，衣着不整，长年披着一件黑色皮上衣，不穿袜子，不系领带，裤子有时既没有扎皮带也没有背带，他和人在黑板前讨论问题时，一面写字，一面要把那即将滑下的裤子用手拉住。凭着衣着，有的人竟把他看成司机。可他却说："要是布袋子比里面的肉更妙，那可是一件糟糕的事！"

很多伟大的人和爱因斯坦一样，都对金钱表现得不屑一顾，但更多的普通人却无法看得那么清楚。置身于经济浪潮中的当代社会，谁都免不了受金钱的困惑。因此，如何看待金钱，如何处置金钱，值得每一个人深思，尤其是青少年。家长的指导教育作用已经变得越来越重要，孩子应该对金钱有一个正确的态度，家长要明确告诉孩子几种价值观的存在形式，以便他们做到心中有数，将来坦然面对富贵与贫穷。

1. 真正将金钱当作身外之物的人

孙中山一生与无数金钱打交道，遗产却只有价值2000元的书和一所五间房的住宅；卡尔·马克思一生几乎都处于贫困之中，严冬没有煤烧，生病请不起医生，甚至孩子死了，连买一口棺材的钱都拿不出来，可他却依然执着于共产主义的研究；诺贝尔一生致力于科学研究，家道几起几落，几度死里逃生，然而死后，他却以千万美元的家资奖励那些对人类有特殊贡献的精英们。

这类人的品质是值得孩子学习的，他们对人生看得透彻，活得洒脱。成败得失也好，贫富聚散也罢，都不过是过眼烟云。对于金钱，虽然家长应该让孩子认识到它的重要性，但一定要清楚，金钱终究是身外之物。

2. 能赚钱，会花钱，做金钱的主人

洛克菲勒在成为第一个 10 亿富翁后，渐渐领悟到“财富为上天所赐，自己是保管人而非拥有者”。他把数以亿计的资产拿来扶持教育、科研、卫生事业，帮助穷人，回报社会；当代世界首富比尔·盖茨，拥有数百亿美元巨资，却为了少付几美元的停车费，宁肯绕道而行。他直言“要物有所值”，并宣称：60 岁以后把全部财产捐给社会，开始新的生活。

这类人也值得孩子学习效仿，因为他们是金钱的真正主人。他们想得到钱的时候，可以正当合理地使钱“呼之即来”，他们想利用钱的时候，也懂得把钱花在最值得的“刀刃”上。这就是驾驭金钱的艺术，更是孩子应该学习和锻炼的一种能力。

3. 不要爱钱如命，为了金钱甘愿出卖一切，甚至出卖自己的灵魂

莎士比亚笔下的威尼斯商人夏洛克贪婪、凶残、狡诈、阴险，为了达到赚更多钱的目的，时刻准备从安东尼奥胸口上割下一磅肉，置其于死地，为自己的高利贷之路扫清障碍。巴尔扎克笔下的葛朗台为了财产逼走侄儿，折磨死妻子，剥夺独生女对母亲遗产的继承权，“看到金子，占有金子，便是葛朗台的执着狂”。实为富豪却形似乞丐。

走出文学世界，中外历史、现实生活中也不乏此类人。他们凭着手中的权力大捞国富民财，他们以天文数字般的财富过着豪华奢侈的生活，对金钱的贪得无厌成就了他们一世臭名。更有一些花季少女为了金钱做一些肮脏的肉体买卖。

人本应是财产的主人，是财富的支配者，可他们却成了守财奴，成了为了钱财而丧失一切的人。家长要让孩子知道，有些人可能有很多钱，但除了钱之外再无任何有价值的东西，这些看似很潇洒，其实他们很可怜。

4. 不要有钱时，花钱如流水，一掷千金；无钱时，饱受困苦的折磨；对钱又爱又恨

莎士比亚在《雅典的泰门》中描写贵族泰门慷慨好客、乐善好施且挥金如土，家中日日宾客如云。一朝黄金散尽，债主盈门，那些曾百般逢迎他的小人却如躲避瘟疫一样避之唯恐不及。

莎士比亚通过泰门之口道出了金钱对人性的扭曲。其实，这能是金钱的错吗？不过是泰门自己没看透金钱的本质，糊里糊涂地做了一个败家子的典型罢了！“凡妖媚人，皆自招致。”钱本身并不是万恶之源，并没有什么错。

家长要教会孩子正确看待并使用金钱。当孩子没有一颗平常心来对待金钱时，就不会有心灵的自由！要安贫乐道，安富乐道，达到特别自在的状态。这个平常“要求我们既看重金钱，又看轻金钱。不贪、不奢、不执迷，才能达到人生的自在境界。

为此，孩子不仅要有强烈的金钱意识，还要懂得具备赚钱的能力。事实上，赚钱的目的并非是钱生钱，而是使自己在生活上有所保障、有安全感，并充满快乐。

注意理财时的“小错”

生活中有些理财小错误是大人都很容易犯的，何况是孩子呢？我们要告诉他们哪些是对的，哪些是错误的，这样才不会让他们成年以后再犯类似的错误。

青少年要接触钱、了解钱，学会合理地使用钱，这有利于培养孩子的经济意识和理财能力，以适应未来经济生活的需要。有关专家经过长时间的观察和研究，总结和列举出了青少年在理财方面最容易犯的 20 种错误。这些错误是：

◆现在享用以后付钱。大多数青少年对钱的认识不够，没有隐患意识，眼前只有享受，认为以后会有父母把钱送到自己手上。

◆没把钱当回事。孩子总以为家长有的是钱，每天都能有大数目的零花钱，所以买东西从不考虑价格。

◆买东西时，把身上的钱花个精花。

◆向广告看齐。许多初、高中生不论是吃的还是用的都向广告与流行看齐。

◆向大人看齐。看见大人们经常泡桑拿，吃海鲜，他们感到一种气派，不仅有羡慕之心，也学着去进行高消费。

◆向明星看齐。据一家美容店老板介绍，他曾遇到不少崇拜明星的中学生来美容剪发，还常常甩出100元的纸币。

◆许多初、高中生在钱花掉之前，已经有过数次的购买欲望。

◆买了许多东西，但很少有令他们长期满意的。

◆滥用别人的钱。

◆只在花钱时才有一种满足感。

◆如果手中有几百元，就觉得富裕了。

◆储蓄对他们来讲并不重要。

◆花掉的要比储蓄的多。

◆只能节省一点购买小件商品的钱。

◆认为钱的能量并不很大，而且没有多少潜力可挖。

◆花钱从来不做计划。

◆不能正确地使用活期存款账户。

◆不恰当地使用信用卡。

◆从不了解钱的时效价值。

◆忽略通货膨胀。

高效率地理财是孩子将来生活中必须具备的一种重要能力。良好的理财是去享受其他生活乐趣而且有收获的关键所在。对成年人来说，这也同样是正确的。家长应该为孩子提供一些理财的训练原则和切实高效的方法，但是需要注意，不同的孩子在理财安排及责任感上的接受能力是不同的，有快有慢，“要事优先”永远是合理理财的一个主要方面。

家长可以让孩子列一个一天所花的钱和余下的钱的表格，以帮助孩子逐步树立理财观念。一般来说，在孩子上学期间，家长就应该要求他们制订出一个详细的理财计划，具体到一周每一天的每一件开销，然后做好记

录。一周结束后，把各项活动所花的金钱数量加在一起，了解自己一共花了多少钱。

由此可以思考如下问题：这一周你把大部分金钱都用在做什么上面了？哪方面用的金钱最少？你宁愿在什么事情上多花些？什么事情上少花些？你想去做的事为什么不去做？没有足够的金钱吗？你对你花费金钱的方式是否满意？

金钱是辛勤劳作换来的，有的孩子不珍惜它，不好好认识和利用它，家长有义务让孩子明白金钱与价值之间的平衡。尽管有些家庭已经十分富裕，家长还是要让孩子懂得钱要踏踏实实地挣，要一分一角地花。

第8章 无法融入人群的男孩是温室的花

不要担心孩子在与人接触的时候会受到伤害，更不要害怕孩子在跟人交往的时候会受到不公平的待遇与打击。你要想让自己家中的男孩真正成长为男子汉，就应该积极鼓励他们走出去跟更多的人交往。因为没有谁能够完全脱离人群而生存。更为重要的是，他们也只有在不断地跟人接触后，才能不断地成长，内心变得更为坚强。

因为快乐，所以坚强

培养一个快乐的孩子，是每个父母的心愿，也是父母给予孩子最珍贵的礼物。拥有快乐童年的孩子，长大以后性格会更健康，学习能力更好，耐挫折能力也会更强。生活中的 15 件小事情，能帮助父母培养一个健康快乐的孩子。

1. 保持家庭生活美满和谐

父母消极的情绪信号，会给孩子脆弱的心灵造成极大的伤害。在幸福和睦的家庭中长大的孩子，会在耳濡目染中体会生活的乐趣。因此，父母要恩恩爱爱，相敬如宾，让家庭充满朗朗的笑声，让孩子在幸福快乐的大本营里健康成长。

2. 营造快乐的情感空间

要让孩子不断地充实个人的“快乐资源”，就要密切亲子关系。好家长会经常和孩子一起讨论相互感兴趣的话题，一起娱乐，让孩子融于浓浓的快乐之中。

3. 放手让孩子追寻快乐

快乐的体验有助于培养孩子大方和开朗的个性。作为父母，为了让孩子拥有幸福的感受，应放手让孩子自己追寻快乐，积极引导和培养孩子的广泛兴趣，让孩子将这种追寻快乐的个性保持下去，并将其带入今后的成年生活中。

4. 认识新朋友

友情让人快乐。经常让孩子邀请小伙伴来家里做客，孩子会特别开心。父母也可以带他认识其他的小朋友，让他们一起玩、聊天、涂鸦，让孩子从小感受美好的友情。

5. 给孩子足够的鼓励

对于孩子来说，没有什么能比真诚的鼓励更能激励他们去热爱生活和追求成功了。作为家长，对于孩子在成长中不可避免的错误和缺点，要给予充分的理解和宽容；对于孩子在成长中的特长和优势，要给予及时的肯定和鼓励。因此，好家长总能时常关注孩子，及时发现孩子的“闪光点”，并给予热忱的赞赏和鼓励，不断增强其自信心。

6. 培养孩子积极的心态

好家长会让孩子明白，有的人之所以一生快乐，并不在于他们永远一帆风顺，而在于他们的适应能力强，拥有好的心态，即使遇到挫折，也能很快振作起来。好家长会以身作则，永不气馁。当然，好家长更注重对孩子的引导，帮助孩子及时做心理上的调适，不断强化坚忍的心理素质，提高化解生活难题的能力。

7. 培养多种兴趣

培养孩子的兴趣和才艺，阅读、绘画、舞蹈等丰富有趣的活动，能开阔孩子的视野，更能培养孩子健康的爱好和性格。但是，父母不能勉强孩子，兴趣需要慢慢挖掘。

8. 给孩子一定的决策权

快乐性格的养成与孩子的处世方式有紧密的联系。好家长总会主动地征求孩子的意见，与孩子沟通；向孩子通报家政计划，与孩子商量家务安排。好家长总是对孩子适度放权；让孩子拥有活动的安排权，学会管理自己；让孩子拥有零花钱的支配权，锻炼其理财的能力；让孩子拥有交往的自主权，提高其人际交往的能力。家长不过多地包揽孩子权利范围内的事，而让孩子在独立生活的体验中享受生活的乐趣。孩子有获得小主人身份的满足感，会特别快乐，并从小就知道如何使用自己的决策权。

9. 带孩子去户外玩

每到周末，安排全家一起参加体育运动和户外活动，这不但能增进孩子的健康，更能培养亲子感情，让孩子时刻处在温暖的亲情中，笑口常开。

10. 和孩子一起学习

尽量挤出时间和孩子一块儿学习，孩子也会养成永久的学习习惯，你不会为所花的时间后悔，而是会有美好的回忆。真诚耐心地对待孩子，把自己的快乐感染给孩子，相信每一个孩子都是最快乐的天使。

11. 帮助身边的人

从小培养孩子的同情心，力所能及地帮助周围的人。和孩子一起整理那些他已经不再需要的玩具，送给福利院或者其他有需要的孩子。让孩子知道哪怕自己很小，也有绵薄的力量可以帮助别人，这能给孩子一种源自内心的快乐。

12. 适当限制物质的占有量

适当地限制孩子对物质的占有，不但不会阻碍孩子快乐性格的正常发展，反而能使孩子懂得自食其力、勤俭节约。孩子懂得了金钱的来之不易，树立了勤俭意识和通过自身的劳动去获取个人所需的意识，将终身受益。

13. 给孩子发光的机会

孩子跟你一样，喜欢展示优点。他喜欢读书，那就让他在你做饭的时候讲故事给你听。他对数字敏感，那就带他到超市采购，让他帮你算账。这些小事情，可以最大限度地激起他的自信和自尊。

14. 以身作则，给孩子树立好的榜样

你的孩子一直在观察着你，他们会注意到你开车超速，没有退回多找的零钱，或者对你的母亲不够尊重。即使你不完美，你也可以尽力树立一个好的典范，让你的朋友、亲戚也对孩子施加好的影响。

15. 适当的、不过度的称赞

称赞把你的价值观念与期望传达给孩子。合适的称赞，如“有道理的想法”“勤奋努力”“聪明”“有创造力”“有爱心”“敏锐”等传递的期望是在孩子力所能及的范围之内，但像“完美”“最好”“最漂亮”“出众的优秀”这些却是无法企及的期望。孩子们常常把大人的期望内化，当孩子们感到他们达不到这些期望时，期望就变成了压力。

让孩子学会尊重他人

人与人之间的交流，都应建立在真诚与尊重的基础上。人唯有尊重他人，才能赢得他人对自己的尊重。尊重他人不仅仅是一种态度，也是一种能力和美德，需要设身处地为他人着想，维护他人的尊严。

在生活中，有的人常埋怨自己不受人尊重。其实要想得到别人的尊重，首先要学会尊重别人。尊重别人就是尊重自己。家庭教育中，父母应首先尊重孩子，然后教育孩子尊重他人，如父母、爷爷、奶奶、外公和外婆等长辈。父母只有先以身作则，给孩子树立一个好的榜样，孩子才能知道如何做到“尊重”二字。而孩子也只有先尊重家庭中的成员，才能学会尊重他人。因为尊重是一种品质，把这种品质传递给别人，自然也会得到好的回报。正所谓“种瓜得瓜，种豆得豆”，如果种下的是蒺藜，收获的自然是针刺了。

鲁迅先生认为，在教育孩子方面，首先要尊重和理解孩子，“如果不先行理解，一味蛮做，只会碍于孩子发展”。

曾经有一次，鲁迅先生在家中宴客，儿子海婴同席。在吃鱼头时，客人均说新鲜可口。唯海婴说：“妈妈，鱼头是酸的！”以为孩子胡说乱闹的妈妈便责备了几句，孩子老大不高兴。鲁迅听后，便把海婴咬过的那个鱼头尝了尝，果然不怎么新鲜，便颇有感慨地说："孩子说不新鲜，我们不加以查看就抹杀是不对的，看来我们也得尊重孩子说的话啊！"

在家庭教育中，家长应该善于理解和尊重孩子，这更有利于孩子的发展，而这尊重与理解除了鲁迅先生所指的尊重孩子的不同意见、理解孩子的言行之外，更重要的是尊重孩子的意愿，不侵犯他们心中的那块心灵小天地。

球王贝利小的时候，有一次悄悄与小伙伴吸烟被父亲撞见了，当时父亲没有吭声，回到家才告诉他："你踢球有几分天赋，或许以后会成为绿茵场上的高手，但如果你抽烟、喝酒，你就踢不好球，因为你没有体力在 90 分钟内一直踢出理想的水平。这件事你自己决定吧。"贝利的父亲并没有训斥他，而是充分尊重他的意愿，这件事对他产生了深刻的影响。

球王贝利的父亲给了他自由选择的空间，尊重他的选择。用尊重孩子的态度去真诚地指出问题，对他的影响是很大的。这不仅提高了孩子的思想认识，还有助于改善孩子与他人之间的关系，营造一个良好的和谐交往氛围。如果孩子能保持自己的高尚品格，处处尊重他人，他就容易获得成功。

尊重他人，有时只需要一句话、一个动作，甚至一个眼神。不尊重他人就是不尊重自己，尊重他人才能得到他人对自己的尊重。

时下，许多家长对孩子的教育往往急功近利，一方面寄希望于孩子早日成才，一方面又担心孩子不按他们既定的目标去发展，只好出些下策，如偷看孩子的日记、信件，希望以此来牵制或扭转孩子的一些"不良动态"。面对父母的侵权，孩子是怎样的心态？

有一项调查表明，年龄的差异使孩子们站在不同的角度看待自己的权利保护意识，43.8% 的小学生把家长看自己的日记当作了解自己的机会，

33.2% 的初中生和 53.2% 的高中生则对这一行为表示不满，甚至愤怒。

孩子在成长过程中，确实需要父母加以正确的引导。其实，父母除了偷看日记、信件之外，还有其他方法可行，如仔细观察孩子的言行举止，以此获知他们潜在的心理欲望。通过与孩子的书面交流，了解孩子的思想动态，及时解除孩子的心结等。父母都爱自己的孩子，可是这种爱应该建立在尊重孩子的基础上，否则将适得其反。

英国前首相哈罗德·麦克米伦于 1960 年当选牛津大学校长，他曾提出过人际交往的四点建议：（1）尽量让别人正确；（2）选择“仁厚”而非“正确”；（3）把批评转变为容忍和尊重；（4）避免吹毛求疵。这些建议可以说都是围绕着“尊重”提出来的。家庭教育中，父母不妨以这四点要求自己，以此为标准来尊重自己的孩子，同时，也让孩子知道“尊重”的重要性，学会如何尊重生命中出现的每一个人。

帮助孩子走出多疑和敏感的误区

中国有句古语说：“三岁看大。”儿童的性格大约在五岁就形成了，孩子的性格与家庭教育密不可分。而家庭是孩子最早接受教育的场所，从某种程度上意味着孩子最早的老师是父母。父母的一举一动、一言一行对孩子都有潜移默化、耳濡目染的影响。孩子的许多习惯、性格、品质都是从父母那儿习得的。

孩子可能无法意识到自己的情绪问题，为人父母则应警惕孩子情绪发展中的不良趋势。

国内流行性调查资料提示，青少年的情绪和行为等问题的发生率明显增加：有 10%～30%的青少年存在各种不同程度的心理健康问题，主要表现在强迫、人际关系的多疑、敏感、抑郁、偏执和敌对等症状方面，因心理障碍等问题而退学的青少年占退学总人数的 30%～60%，特别是在重大的生活事件中中学生的心理问题发生率更高，且有继续上升的趋势，这些问题的严重性已经引起了社会的关注。

最近，豪豪总觉得大家都在故意与自己作对。就先说说老师吧，明明自己个头很矮，视力又不是很好，可偏偏把自己的座位调到后 4 排，这分明是不再重视自己了。还有朋友小云，他怎么能和其他同学一起去逛街而不叫上自己呢？再有就是班上的男生李强，每天都在盯着自己看，然后就和其他男生在一起讨论什么，难道他们在说自己吗？

这一切都让豪豪觉得很生气、很伤心。豪豪是个15岁的男孩，除了一个叫小云的朋友，平时没有什么好朋友。因为他老是觉得同学们都在用“异样”的眼光注视着自己，所以，他干脆和别人划清界限，可是现在连小云都在疏远自己了，豪豪怎么能不难过呢？

豪豪的学习成绩一直不错，老师挺喜欢他的，还经常当着同学们的面表扬他，可是最近豪豪有一门功课的成绩稍微有点下降了，他觉得老师似乎就不太喜欢自己了，这不，把他的座位换到了后面，只有那些调皮捣蛋的学生才会在后面坐的。豪豪就是这么想的。自从调换座位以后，他再也没有专心听过一节课，心里总在自怨自艾。就这样，学习成绩下降得很快。豪豪想，这下完了，以后只能永远在后面“坚守岗位”了。

课间时，豪豪还是坐在自己的位置上面，他可不想和别人一样到教室外面去玩，因为他认为大家不欢迎他。就在这个时候，讨厌的李强走了过来，问了他一道数学题，豪豪的数学成绩向来不错，他起初不想帮李强解答的，可是李强却在那里不停地请求，豪豪只好答应帮他解答了，许诺放学后把解题过程告诉他。可当豪豪好不容易把这道题解出来的时候，李强却说，自己已经想出结果了，谢谢他的帮忙。豪豪觉得这不是在把自己当猴来耍吗？越想越气，越气越想，眼泪就像断了线的珠子一般掉个不停。

豪豪把自己关在房间里，再也不想去上学了，他觉得大家都在和他作对，他告诉妈妈必须帮他转学，因为大家都在刻意疏远自己，要不然再也不去上学了。这可急坏了妈妈。豪豪妈妈把豪豪的情况告诉了老师，老师这才明白豪豪最近为什么如此反常了。

这天老师带着小云、李强一起来到了豪豪家。豪豪看到三人，很惊讶也很生气，难道他们是来看自己笑话的吗？豪豪拒不和他们见面、说话。老师无奈，只好给豪豪留了一封信。信是这样写的：

“豪豪，老师没有注意到你是个敏感的男孩，没有注意到你最近的情绪变化。对不起，这是我的疏忽。老师把你换到后面去坐，主要是想让你帮助一下你的同桌，因为你的学习很好，可是没有明白地告诉你原因，让你误以为老师不喜欢你了。

“你的好朋友小云也没有和你疏远，是你自己不愿意理他的。他总是和大家说，你是个很容易相处的人，希望大家和你做好朋友，那天和别人去逛街，是因为他要给你挑选生日礼物。

“另外，李强那天的确是诚心请教你问题的，可是他自己也解出了那道题，所以就没有等你的答案，他的确不是和你开玩笑的。

“豪豪，其实大家都很喜欢你，不要在自己的小世界里面待着，走出来吧，我们都在等着你，期待你回到我们当中来。”

原来是自己的多疑、敏感错怪了大家。豪豪捧着信哭了，他下定决心，明天去学校时要和大家道歉，并告诉大家，我也要和你们做朋友！

豪豪出现的多疑、敏感的症状与其处于青春期有关，青少年期是儿童到成人的过渡时期，矛盾、敏感、多疑是他们突出的心理特点，由于在生理和心理上发生的巨大变化，容易产生各种心理障碍。

一个人生活在集体中，如果真的不受别人欢迎，当然是件令人苦恼的事。不过，事实是不是真如所想的一样，还值得分析。

有时，由于一些心理原因，也会造成错觉。青少年自我意识增强，特别珍视自我形象，很关心外界对自己的评价。有的人比较敏感和多疑，看到别人在一起说话，就怀疑是在议论自己，心里感到紧张和不安。

还有另一种情况，周围的人确实不喜欢你。如果真是这样，家长和老师也要告诫孩子不要紧张和焦虑，应该冷静地从自己的为人态度、性格特征、思想方法等方面找原因。也可以鼓励孩子找几位同学聊聊，请他们帮你找找原因。只要态度诚恳，相信总会有愿意伸出友谊之手的同学。

此外，还可以通过运动来舒缓孩子的不良情绪。运动能加强新陈代谢，疏解负性心理能量，有助于增强体质，产生积极的心理感受，能较快地提高情绪、消除青春期引起的一系列症状。

尤其是参加一些集体运动，如足球活动、排球运动或体育游戏等。集体运动要求团体合作，对提高人际关系具有特别的意义。另外，由于体育游戏带有一定的竞争性、情节性、趣味性，能提高游戏者的情绪，培养他们活泼、开朗、合群的个性和团结互助、勇敢顽强、机智果断的心理品质，使身心得到健康的发展。

所以家长应该建议孩子每周至少参加一次集体运动，每次持续时间30分钟。在日常生活中，孩子可以根据自己的不同情况和条件，选择以上一个或多个项目长期坚持锻炼。以有氧运动为主，一般不宜做大强度的剧烈运动，如有比较明显的身体和心理不适，应该同时进行心理和药物治疗。

让孩子做一个诚实守信的人

说话算数、言而有信是一种情操，是中国人最为讲究的一种品质。古人云：“君子无信而不立。”人生的追求就是立言、立信和立德。

我国传统教育中，一向把青少年撒谎视为生活中的大忌。不说真话，没人可信，也就失去了与人交往的基础。在现实生活中，家长和教师最不能容忍的就是孩子说谎的坏习惯。

“真理、正直、公平和高贵是永远分不开的，”一个美国著名的政治家在给儿子的信中说，“谎言来自卑鄙、虚荣、懦弱和道德的败坏。谎言最终会被揭穿，说谎者令人鄙视。没有正直、公平和高尚，就没有人能够取得真正的成功，无法赢得他人的尊敬，说谎的人迟早都会被发现，甚至比他自己想象的还要快。你真正的品格一定会为人所知晓，一定会受到公正的评价。”

为了杜绝孩子撒谎，家长和老师要了解孩子撒谎的原因。他们有时撒谎是因为做了错事，怕受责备和惩罚；有时撒谎是为了逞能，或者满足自己的虚荣心。家长要多与孩子交流，全面了解孩子各方面的情况。

一个人在火车上坐下后，把自己的包裹和行李放在了旁边的座位上。

后来，车上人越来越多，车厢越来越拥挤。这时，有一位先生问他旁边的座位是否有人。他说："有人，那人刚刚去了吸烟车厢，一会儿就回来。你看，这些东西就是他的。"

但这位先生怀疑他所说的话，就说："好吧，我坐在这儿等他回来。"于是，这位先生把行李和包裹拿下来，分别放在了地板上和行李架上。这个人怒目而视，却什么话也说不出来。因为那个在吸烟车厢的人是他编造出来的。

不久，这个人到站了，他开始收拾自己的东西。但那位先生说："对不起，你说过这些行李是一个在吸烟车厢的人的。我有义务保护这些行李不被你拿走，因为你说这些行李不是你的。"

这个人发怒了，他开始骂人，却不敢去碰那些行李。乘务员被叫来了，他听了这两个人的话后说："我来保管这些行李，如果火车到总站后还没有人认领，那就是你的。"

在乘客们的哄笑声和鼓掌声中，这个人没带行李就灰溜溜地下了车。他刚下车，火车就开动了。直到第二天，他才拿到自己的行李。为了霸占一个不属于他的座位，他撒了谎，并为此受到了惩罚。

这些事实对孩子来说有很强的教育作用，能让他们知道撒谎对自身人格的形成有什么危害。家长和老师还

应该了解与孩子交往密切的朋友。“近朱者赤，近墨者黑”，撒谎的青少年有爱撒谎的朋友。家长和老师有权利不赞成孩子同某位朋友来往，但需要注意的是，只有掌握了能证明这位朋友劣迹的确凿证据后才能这样。

家长还可以制定一个应对孩子说谎的策略。不要让孩子企图为自己的谎言辩护，而应当让他们把精力放在如何避免日后再次说谎上来。倘若孩子就回家很晚一事说了谎，家长应该让孩子清楚晚上尽早回家的重要性，而且为什么父母必须知道事情的真相。

做人要诚实守信，说话应该说真话，这是安身立命之本。撒谎也是家长和老师极为棘手的问题之一，顺利地解决它并非易如反掌。行动比言语更响亮、更具说服力。

除此之外，也要让孩子知道，在社交场合，免不了寒暄、应酬。你说，也听别人说；你笑，也附和别人笑；你希望别人认真地听你说，就得表现得很认真地倾听。在这些时候，孩子的视线、表情、手势、声音总少不了“表演”的色彩，但这些却与说谎无关，而是一种必要的社交手段。但如何掌握这种尺度，却需要孩子自己长时间地揣摩。

学会帮助他人

家长和老师从小就应该让孩子明白，其实一个人在帮助别人时，无形之中可能也帮助了自己。这是一种对自身生存价值的无形投资，是会有更多回报的，而最大的回报就是你由此变得更加高尚。

来看一个真实的关于善待他人的故事吧，也许会对你的孩子有帮助。

一天，一个贫穷的小男孩为了攒够学费正挨家挨户地推销商品。劳累了一整天的他此时十分饥饿，但摸遍全身，却只有一角钱。怎么办呢？他决定向下一户人家讨口饭吃。

当一位美丽的女孩打开房门的时候，这个小男孩却有点不知所措了，他没有要吃的，只乞求给他一口水喝。这位女孩看到他很饥饿的样子，就拿了一大杯牛奶给他。男孩慢慢地喝完牛奶，问道："我应该付多少钱？"女孩回答道："半分钱也不用付。妈妈教导我们，施以爱心，不图回报。"男孩说："那么，就请接受我由衷的感谢吧！"说完男孩离开了这户人家。

此时，他感到自己浑身是劲儿。其实，男孩本来是打算退学的，但他放弃了这个念头。

数年之后，那位美丽的女孩得了一种罕见的重病，当地的医生对此束手无策。最后，她被转到大城市医治，由专家会诊治疗。当年的那个小男孩如今已是大名鼎鼎的霍华德·凯利医生了，他也参与了医治方案的制订。

当看到病历上所写的病人的来历时，一个奇怪的念头霎时闪过他的脑际。他马上起身直奔病房。凯利医生一眼就认出床上躺着的病人就是那位曾帮助过他的恩人。他回到自己的办公室，决心一定要竭尽所能来治好恩人的病。

从那天起，他就特别地关照这个病人。经过艰辛努力，手术成功了。凯利医生要求把医药费通知单送到他那里，在通知单的旁边，他签了字。当医药费通知单送到这位特殊的病人手中时，她不敢看，因为她确信，治病的费用将会花去她的全部家当。最后，她还是鼓起勇气，翻开了医药费通知单，旁边的那行小字引起了她的注意，她不禁轻声读了出来："医药费——一满杯牛奶。霍华德·凯利医生"

为了使孩子能够和他人更好地相处，融洽和发展其生存空间，还要让孩子学习更多"交往技能"。许多性格和能力要在集体生活和游戏中才能养成，包括善待身边每一个人的性格特征，如团结、大方、礼貌、守纪、自尊、竞争意识、牺牲精神、组织能力、集体观念和服从精神等，这些品质都是一个高素质人才要具备的。

善待身边的每一个人，首先要从学会爱集体开始。一要多为集体做好事，例如在学校主动打扫卫生、为朋友打开水、帮老师擦黑板等。二要遵守集体规则，维护集体荣誉。例如轮到自己做值日生这天，要早点到学校去，不要迟到。这样做会逐渐让孩子养成一种大局观，并放弃自己的自私心理，为培养高尚的人格奠定一个坚实的基础。

在美国，许多中学都要求学生参加社区服务，否则不能毕业。这样做的目的就是培养孩子的责任心，从小养成"我为人人，人人为我"的优秀做事风格。

我们身边的大多数青少年并没有定期参加类似的活动，因而就没有亲身体会，也不懂得其真正的含义。即使父母不断地把这些思想灌输给他们，但只有亲身经历过了，孩子们才能真正受到影响。这些活动不仅能培养孩子们关心他人的品质，也能教会他们许多社会技能，使他们锲而不舍、持之以恒。这些都是高情商的重要组成部分。

积极培养孩子与他人合作的意识

社会在变，思想观念在变，懂得合作的重要性在当今社会是如此重要。现在的社会是一个充满各种竞争的社会，但同时也是一个在合作中才能求发展的社会。

到郊外野餐是美国青少年十分喜欢的假日活动之一。周末，威尔逊和埃迪的父母要带他们去州里的国家公园爬山，然后野餐。临行的前一天，一家四口商量该如何进行准备：妈妈负责去超市买食品，爸爸准备烤肉的炉子，19 岁的威尔逊负责所有餐具，17 岁的埃迪负责准备调料。

爸爸提醒他们要列出一个单子，一则防止遗漏，二则若家里的物品不够，可及时去买。威尔逊很快就列出了单子，请爸爸过目，随后便开始准备，而埃迪却跑到外面找邻居的孩子玩儿。

爸爸警告他带齐调料，否则野餐不会好吃。埃迪一边往外跑一边说："放心吧，我会带好的，别担心。"爸爸不大相信他会准备齐全，想自己来做，转念一想应当给埃迪一个锻炼机会，于是便没有再督促他。

埃迪很开心地玩到很晚才回来，到厨房里忙了一会儿，拎出来一袋子瓶瓶罐罐，便上楼回房去睡了。

第二天一早出发，爸爸并没有再检查埃迪的准备工作，一家人高高兴兴上路了。走了2个小时的山路，选好了野餐的地点，大家开始准备午餐。等肉烤熟后，每人倒了一杯饮料，整理好盘子，围着野炊点的木制桌椅坐下，开始往烤肉上加调料。

“埃迪，烤肉汁在哪里？”埃迪伸手到袋子里去找，怎么也找不到。“我记得从冰箱里拿出来了，怎么会没有？”“你有没有列在单子上？”“我没有列单子，我记得我把所有的调料都拿出来了。”埃迪又翻了一遍，大家都在那里等着。

埃迪最终没有找到，惭愧地低下了头。

这样的教训是深刻的。埃迪知道了由于自己的疏忽，不但影响了自己，也影响了别人，使这次活动大为逊色。爸爸并没有说一句责怪埃迪的话，但整个事情本身对他的教育已比任何话语更有效。

家长应该让孩子知道，跟别人合作也是为了自己更好实现目标。如果孩子明白了这一点，就会产生很高的积极性，然后主动地参加有利于产生合作关系的活动。当一个活动的目标和手段是参与者积极地相互依赖时，最可能产生合作关系。

有专家曾做了一个试验，他把学习心理学概念课程的青少年分为5人一组，共10组，给每个组提出2个问题去解决。其中5个组是合作组，他们是作为一个组来评分的，这样一来，这个组的成员有着共同的目标。另外5个组是竞争组，他们每个人的分数是按个人的成绩分别评分的。结果表明，合作组成员表现出更大的相互依赖感、更密切的合作关系和协调一致。所以，家长和老师不妨让孩子多玩一些需要彼此协作的活动，像许多体育和游戏活动，如足球、篮球等，既有两个团体之间的对抗与竞争，更有团队内部的协调一致，非常有利于培养孩子的团队精神与竞争能力。

同时，也要让孩子了解一些合作的规则与技巧。在合作中既要尊重对方，服从大局，讲统一，又要有自己的立场。容忍和随和是有尺度的，也就是说在合作过程中，不能唯我独尊，只想着自己，要充分顾及他人的要求与需要，哪怕必要时做出一定的让步与牺牲。与此同时，迁就与让步是有限度的，不是放弃原则，在合作中要有自己的立场与个性，要知道取得同伴的信任与尊重是合作成功的前提。

为此，孩子必须学会欣赏和接受别人。要为孩子树立这样一种思想，任何一个人都有他的长处，要学会真诚地欣赏。人无完人，三人行必有我师，切不可因为别人有这个缺点或那个毛病，就嫌弃他、疏远他。相反，要善于发现别人的长处，并真诚地加以肯定与赞美。这是展开合作必不可少的润滑剂。

在朋友组成的合作团队中，激励他人提出不同的观点，这是保证合作成功的另一个基本准则。家长和老师应该给孩子建立起团队的观念，要让他人充分地表达自己的观点，不要随意打断他人或表现出不耐烦，做到这一点对于团体正常地发挥功能是很有必要的。

也许在某些场合，其他成员不同意你的孩子的分析或结论，即使你的孩子确信他是正确的。当发生这种情况时，家长需要告诉孩子做出必要的妥协和让步。除了提出自己的观点外，还应该激励其他成员也提出他们的观点。当他人提出自己的观点时，要做出积极的和建议性的反应。只有希望参与，才可能取得最后的胜利。即使失败了，也不要灰心，要敢于接受再一次的挑战，再进行下一次参与。这一切，都是培养孩子合作意识的好方法。

让孩子学会说话的艺术

能通过“说话”的方式解决问题，处理应急事件，这就需要能力和方法。家长教育孩子学会说话时，更要教会孩子如何说。

有的人说：“说话谁不会？上下嘴唇一张一合的事儿。”没错。但这不表示一个人就会说话。真要到一语千金的程度，那还真不容易。跟人说话绝不是耍耍嘴皮子的小事儿。

一个人的说话水平，是他修养和学识的证明，是他自身价值的金字招牌，也是人们评判他的可靠依据。前任哈佛大学校长伊勒特曾说：“在造就一个‘上流人’的教育中，有一种训练是必不可少的，那就是优美而文雅的谈吐。”

现代社会，是一个越来越注重人际交往的社会，所以家长要从小培养孩子的说话艺术，让孩子的谈吐真正成为一种能打动人心的艺术。可以通过以下方法培养孩子能说会道的能力。

1. 精心选择话题，满足对方的心理需要，可以从关怀对方入手

谈话时要选择那些容易引起别人兴趣的话题，这样有利于营造一个轻松融洽的谈话氛围，使交谈得以继续深入下去。在日常生活中，有各种各

样可以交流的话题，谈话时应尽可能地从某一方面去满足对方的需要。关怀和帮助是每个人都需要的，因此关心对方也是个永远受欢迎的话题。

2. 以理服人，借题发挥

这个“理”必须是站得住脚的，不会被人驳倒的。如果被人驳倒，那么这个理就不能服人，就没有了说服力。借题发挥出来的看法，必须是别有新意，如果没有新意，那么就没有了说服力。借题发挥出来的意思必须尖锐有力，这样才能更有力地击中对方。

有一次，大家为著名国画大师张大千先生举行饯别宴会。大家入席坐定，不免都有点拘谨。宴会开始后，张大千举杯向戏剧大师梅兰芳敬酒：“梅先生，你是君子，我是小人，我先敬你一杯。”

听了这句祝酒词，众宾客都愣住了，梅兰芳也不解其意。接着，张大千笑着说：“你是君子——动口，我是小人——动手，唱戏动口，绘画动手——‘君子动口不动手’。”于是逗得满堂宾客大笑不止，梅兰芳也微笑着举杯一饮而尽，气氛顿时变得十分融洽。

像这样巧妙地解释词语的说话方法值得学习。

3. 说话或悬念层出，或自然流露

家长和老师训练孩子讲话，告诉孩子如何设置话题的悬念，是让孩子的话语特别吸引人的一种方法。悬念只有在精心策划以后才能出现。如果不动脑，而想悬念出现，那是不可能的。悬念在讲述过程中，必须能吸引人，叫人相信。

还有一种吸引人的方法，就是孩子要讲的话，必须是自己内心的自然流露，言为心声，心里怎样想就怎么说。

4. 要注意讲话的时机

刘小英今年 17 岁了，是个既好动又喜欢说话的孩子。有一天，家里

来了一位阿姨，在吃饭时，他一边吃饭，一边口沫横飞地跟大人说话，并在阿姨与家人说话时插嘴打岔。

这就是没有礼貌的表现。如果和朋友在一起，总是这样让别人讨厌，是没有人会喜欢和这样的人交往的。所以说，说话也要讲究时机，不能想说就说，也不能像“闷葫芦”一样什么话也不说。

而多数孩子大都不能把握好这个尺度，有的由于怯场而不愿意说话，有的由于修养教育不够而总让和他交谈的人“下不了台面”。因此，家长的指导教育就非常必要，在平时的生活中，家长就要注意训练孩子什么时候该说、什么时候不该说，让孩子在说的时候滔滔不绝，而在听的时候也能专心致志。这是一个有修养的人与他人交际的必要素质之一。

让孩子学会倾听

家长在教育孩子时，有可能会一直喋喋不休，孩子则耷拉着脑袋不知如何是好。这时的孩子也许根本没有听进去家长在说什么，与其让孩子反感，不如听听孩子的想法。父母认真倾听孩子的意见后，会更好地与孩子沟通，孩子也能更好地学会倾听的技巧。

杰出人物往往善于倾听他人的意见。松下幸之助经营的诀窍之一，就是“细心倾听他人的意见”。正如一位教育学家所说：“态度、信仰、感情以及直觉——都或多或少地投入到听的活动中去，从而集思广益。”

家长应该告诉孩子，上天给我们两个耳朵，却只给我们一个嘴巴，意思是要我们多听少说。外国有谚语：“用十秒钟的时间讲，用十分钟的时间听。”社会学家兰金也早就指出，在人们日常的语言交往活动(听、说、读、写)中，听的时间占 45%，说的时间占 30%，读的时间占 16%，写的时间占 9%。

这说明，善于倾听在人际交往中是非常重要的。心理学研究表明，越是善于倾听他人意见的人，与他人关系就越融洽。因为倾听本身就是褒奖对方谈话的一种方式，如果能耐心倾听对方的谈话，等于告诉对方“你是一个值得我倾听你讲话的人”。

一位名人说：“学会了如何倾听，你甚至能从谈吐笨拙的人那里得到收益。”事实上，在谈话中，任何人都不可能总是处于说的位置上。要使交谈的双方双向交流畅通无阻，就必须善于倾听他人的谈话。这不仅能够及时地把握对方的信息，而且能够让对方产生被尊重的感觉，加深彼此的感情，有利于人际交往。

倾听他人的心声是孩子必须具备的美德。孩子要与人融洽相处，流畅地交流，必须先学会倾听。倾听他人既是一个听的过程，也是一个学的过程。在倾听他人的过程中，孩子可以从他人的言语中学习到一些自己不知道的知识和他人的为人处事的态度与原则。

但是，在现实生活中，我们往往会发现许多孩子非常善于表达自己，但是却不会倾听他人，无法与人在交往中体现出真诚，甚至不愿意倾听他人的建议和忠告。事实上，父母应该培养孩子倾听他人的习惯，它将使孩子终身受益。

1. 父母首先要善于倾听孩子的心声

在现实生活中，许多父母都没有认真倾听孩子的话，又怎么指望孩子就能学会认真倾听别人的话呢？经常有父母这样感叹：“孩子有什么话总不肯跟我说，我说什么孩子也不愿意听，真是拿他没有办法。”事实上，父母不善于倾听孩子，孩子说的话就得不到父母的重视，孩子便只会把自己的想法藏起来，而且孩子还会感觉到“这是大人之间的交际方式”，这种后果将是非常严重的。

倾听孩子的心声不仅是了解孩子心灵的有效途径，也是培养孩子倾听他人的重要方法。不论孩子提出的问题是大还是小，父母要尽可能认真倾听，而不要让孩子等你有了时间再说。立即倾听孩子说话，有助于赢得孩子的信任，更有助于培养孩子与人交往时倾听他人的好习惯。

倾听孩子说话时，父母一定要端正姿态，千万不要表面好像在倾听，实际上千方百计想出一些理由来反驳他。父母是孩子最好的榜样，父母怎么做，也就意味着孩子将有可能照着做。

2. 通过游戏训练孩子的倾听能力

孩子能否认真倾听是一种重要的能力，父母在日常生活中要有意识地培养孩子的这种能力。许多孩子在倾听他人讲话时往往心不在焉，或左顾右盼，或处理他事，或摆弄东西，或不时走动，这种方式最易伤人自尊，说话的人往往觉得自己不被尊重，因此而不愿再讲，更不愿讲心里话，谈话不仅无法收到较好的效果，还会影响双方的关系。

父母要教育孩子在别人愉快的时候与他分享快乐，在别人痛苦、失落的时候与他分担痛苦和失落，这种用心与人交往的表现必然会赢得他人的好感。有些孩子在家里受到父母的宠爱，经常在大人说话的时候插嘴，不能认真听别人说话，这些不好的习惯其实都是大人造成的。

父母一定要端正对孩子的态度，孩子首先是一个独立的人，其次是一个与大人平等的人，如果孩子养成了以自我为中心的不良习惯，要想让孩子倾听他人是不太可能的，因此，父母既不能无视孩子的自尊，也没必要把孩子当成全家的中心，什么事情都围绕孩子转。应该让孩子懂得在听别人讲话时，要尊重他人，可以自然地坐着或者站着，眼睛看着说话的人，不要随便插嘴。安静地听别人把话说完，这是一种倾听他人的礼貌。

3. 教孩子学会提问

倾听他人，就要给予他人更多说的时间。如果孩子能够掌握恰当的提问方式，可以帮助他把说的机会给他人。对于陌生的同学，在交谈的时候，两人往往会以提问的方式进行，但是怎样提问却是有讲究的。

比如，有些孩子会这样问："你是从外地转学来的吧？""你爸爸妈妈是做什么的？""你有兄弟姐妹吗？""你现在住在哪里呢？""你以前学习成绩好吗？""你喜不喜欢我们的班级？""我们两个交朋友好吗？"这种打破砂锅问到底的方式往往会让对方感到压抑，同时，这种提问往往三言两语就可以回答。

如果孩子换一种方式提问，把回答改成开放式的，就可以引导他人畅所欲言。比如"你是从什么地方转学过来的？""你们那里是怎么样的？有没有好玩的地方？""你到我们班后有什么想法吗？""你能不能谈谈你来这里后的所见所闻？"这样，对方就可能介绍一些提问者不太了解的事情，这种提问方式无疑是巧妙的。当然，父母应该教导孩子，在提问的时候尽量避免涉及对方隐私和敏感的话题。

4. 父母要调整说话的细节

许多父母在与孩子交流的过程中，喜欢把自己置于家长的权威位置上，对孩子下命令。如果父母能够调整自己的心态，把自己置于孩子的朋友这一位置，与孩子平等地交流，平等地对话，孩子反而能够倾听父母的每一句话。

不要说："我说的话你怎么不认真听呀？这孩子老是心不在焉。"而要说："妈妈有件重要的事情要跟你说，你要认真听，我讲完后还得让你帮我办件事。"不要说："我刚说完你就忘记了，是不是不想听呀？"而要说："今天是不是精神不太好，要不要我再重复一遍，你再认真地听一下？"父母调整了与孩子交流的心态，调整了说话的细节，孩子就有可能认真倾听父母说话，也就能学会认真倾听他人说话。

让孩子知道择友要谨慎

朋友圈通常是由一些志同道合的人所形成，孩子的辨别是非能力有限，家长在家庭教育中应帮助孩子结识益友，家长只有在孩子心中装一把择友的尺子，才能让孩子独立地从有着相同或不同个性、爱好、思想、背景的人中寻觅出自己真正的朋友来。

1915 年秋天，正在湖南第一师范读书的毛泽东，为了多结交志同道合的有志青年，共同探讨救国救民之道，做了一件很特别的事。他用蜡板油印了一份二三百字的《征友启事》。在这则《征友启事》中，毛泽东提出的择友标准是“有志于爱国工作”“随时准备为国捐躯”。虽然这种创举不易为一般人所理解，但毛泽东身边还是聚集了十几位志同道合的朋友，他们最终成为共同献身于革命事业的有识之士。

每个人都有自己的朋友，因此每个人都有自己择友的标准。有的人将朋友的名单定在名人或达官显贵的范围内；有的人只要拍自己马屁的便以朋友相待；还有的人持以“于我有用即朋友”的原则，当然亦有人将朋友标准定得很高，严格到只有才学、品行、家世及相貌均为一流方可引以为友。

今天，青少年在与人的接触中，自然会遇到年龄相仿、性格相合、说话投机的人，但芸芸众生中，情投意合者并不一定适合做你的朋友，因为你不一定了解他的品行和志趣。正如荀况所言：“匹夫不可以不慎取友。友者，所以相也。”

许多青少年在交朋友问题上，往往缺乏认真的考虑和选择。他们盲目地认为如果自己对别人过分地挑剔，则会使大部分人离自己而去，不但不能显示自己的好人缘，更不能做到“朋友多了路好走”。

培根曾经说：“缺乏真正的朋友乃是最纯粹、最可怜的孤独，没有友谊则世界不过是一片荒野……凡是天性不配交友的人，其性情可说是来自禽兽而不是来自人类的。”虽然人离不开友谊，青少年多交朋友可以互诉苦恼、相互鼓励、常常从朋友那里得到温暖和力量，这是一件好事，但如果滥交朋友，也有“迷路”的危险。

人的精力总是有限的，与人过多过滥地交往，会耽误时间，不利于安心学习和工作，从而影响自身的成长进步，造成不必要的麻烦。更何况，“近朱者赤，近墨者黑”，朋友之中，固然有“道义相砥，过失相规”的“畏友”，“缓急可共，生死可托”的“密友”，但也有“甘言如饴，游戏征逐”的“昵友”，甚至有“利则相攘，患则相倾”的“贼友”，有欧阳修赞扬的“同道”的朋友，也有他深恶的“同利”的朋友。

或许有的时候，孩子不慎交了几个品质低劣的“损友”，久而久之，必然会受其生活方式、价值观念的影响。而哪一种生活方式适合自己的身份，哪一种价值观念是正确的，孩子却并不能很好地辨别清楚，可能会因为交往过多而使自己无所适从，甚至迷失方向、误入歧途，为朋友所误。

因此，家长要告诉孩子，择友标准应灵活掌握，比如对于一些性格不同、兴趣有异的人，也可以适当地接触了解，既可以使自己加深对各种各样人的了解，培养与各种人打交道的能力，同时也可以得到一些有益的借鉴。

但是，真正的朋友必须建立在较全面、深入了解的基础之上。家长可以教孩子通过直接接触、侧面打听、察言观色、看其以往的历史及其一贯的为人处世等途径和渠道，达到真正地了解一个人，以免误解人家或受骗上当。

孔子早在两千多年前对其弟子提出的交友告诫“益者三友，损者三友”，成为后世始终信奉的交友圭臬：多交正直之友、守信之友、博学多闻之友，有益于走好人生之路；不辨善恶良莠，与逢迎谄媚、喜好恭维、花言巧语的人交友，就会遗患无穷。

“择友如淘金”，特别是青少年刚刚接触世界，正处于人生观、价值观、世界观的形成期，在择友上更应该仔细鉴别，把握好尺度，这样才能真正找到在思想上相互帮助、品行上互相砥砺、工作上相互支持、学习上相互切磋、生活上相互关心的“益友”，万不可因交友不慎，让“损友”耽误人生前途。

家庭不能永远是孩子的避风港

众所周知，孩子不能永远是孩子，孩子终有一天要走向社会，在社会里更加稳重和成熟。

家住北京市通州区的刘丹女士在家看电视，10 岁的儿子王匡在小区里和小伙伴们玩。平时这几个小伙伴经常在一起玩。

刘丹看了一会儿电视，就推开窗看儿子在哪里玩，不料正看见儿子和一个个头高一点儿的孩子在吵架，而且越吵越凶，声音很高。刘女士急忙跑下楼来探看究竟。到跟前一看，才弄清楚孩子们争吵的“导火索”是一种名叫“纸三角”的自制玩具。

原来儿子的“纸三角”被那个个头高一点儿的孩子抢去了，所以很气愤，两人就吵了起来。更可气的是，其他的小孩子偏偏帮着个头较高的那个孩子对付小王匡。小王匡正在势单力孤之际，看见妈妈来了，涨得通红的小脸一下子变得惨白，委屈的泪水忍不住掉了下来，继而“呜呜”地哭了起来。

一看到这种情形，刘丹一开始真的很生气，真想训斥那个不讲理的孩子一顿，替儿子出出气。但她忍了忍，转念一想，自己一个大人掺和孩子们吵架有点脸上挂不住。于是她强压怒火，拉着儿子说：“王匡，走，咱们回家去，不和他玩了！”

但是小王匡人小骨头硬，站着没动，偏偏不回家，非要把自己的“纸三角”要回来不可。刘丹于是劝儿子：“几片破纸片，有什么好玩的！回家妈妈带你买好玩的去。”可小王匡仍然不干。

刘丹只好把目标转向那个抢“纸三角”的孩子，语气温和地对他说：“小朋友，阿姨相信你是个好孩子，你把‘纸三角’还给他，好吗？”可是那个倔小子也不买她的账。

刘丹一看他们都固执己见，两下都搞不定，一气之下喝问道：“王匡，你到底回不回家？”小王匡将脖子一拧，响亮而坚决地吐出两个字：“不回！”“好！那你自己想办法解决吧，我回去了！但是不许哭，男子汉哭算什么本事！”说完头也不回地上楼了。

刘丹虽然坐在家中，但还是悬着一颗心，生怕自己的儿子受欺负。正担心时，儿子却拿着自己心爱的“纸三角”回来了，并且小脸上早已“阴转晴”，笑嘻嘻的好像什么事也没发生一样。

刘丹感到诧异，细细问去，才晓得几个小朋友又和好了。刘丹询问儿子用什么法子“解决”的，小王匡只笑着说了两个字：“保密！”

这件事给刘丹上了深刻的一课，使他认识到了小孩子间的纠纷最好还是由他们自己想办法解决。从此以后，刘丹不再为儿子出头了，而儿子处理和小伙伴之间的关系的能力却越来越强。

事实上，孩子与伙伴之间的纠纷不过是争争吵吵这样的小事。有些父母一看到这种情况便忙着为孩子收拾残局。因为在他们看来，孩子年龄小，没有承担责任的能力，不得不由当爹当妈的出面“善后”。

这类父母要么找到与自己孩子发生冲突的孩子，替自己的孩子“赔不是”；要么登门拜访对方父母，希望通过大人之间的沟通来解决问题。一般而言，这类越俎代庖的做法收效甚微，且不会受到自己孩子和对方孩子的欢迎。

父母应该明白，孩子考虑问题的方式是不同于成年人的。因此，倘若家长以自己的思维方式来定性孩子的行为，很可能使问题复杂化。有时候，原本不过是孩子们一时之气引起的纠纷，经过双方父母煞有介事地一折腾，反而升级为大人之间的冲突。

所以，明智的父母一般不会介入孩子之间的纠纷和冲突，他们会让孩子自己去承担责任，把解决问题的主动权留给孩子，让他们自己想办法，按照他们自己特有的方式解决冲突和纠纷。

其实，孩子间发生了冲突和纠纷，是锻炼交往本领的绝佳机会。孩子们正是通过辩解、说理和争吵，了解自己和他人，学会进攻与忍让、斗争与妥协的艺术，学会如何去面对胜利与失败。解决与伙伴之间的冲突的过程，能更好地促使孩子独立自主地思考，使自己的交际能力不断提升。

每个孩子说到底都属于社会，总有一天他会走向复杂的社会，家长能管得了一时，却管不了一世，孩子未来人际间的各种冲突远比现在小伙伴之间的纠纷要复杂得多。做父母的不可能永远充当孩子的“保护伞”。因此，家长要拒绝替孩子“善后”，要及早放手，让孩子自己做事自己当，这才是父母最明智的做法。

让孩子懂得朋友之间交往的尺度

把握尺度是一种艺术，距离要保持适度，既不能过分亲密，也不能过分疏远，否则友情一样会流失。所以，在保持距离的同时，也要注意不要给人冷冰冰的感觉，不能让对方感到“拒人于千里之外”的冷漠。

距离，是一门很复杂的生活美学，尤其体现在友情交往上。人们常常喜欢说：“距离产生美。”距离所产生的模糊与朦胧仿佛总是蕴藏着说不清的轻柔而温暖、含蓄而扑朔的美丽。于是，友情也就在这种距离之美中诞生！因为有距离，所以不用担心笑里是否藏刀，可以放心大胆地袒露心怀；因为有距离，所以不用怀疑真诚是否虚伪，可以用真诚回报真诚；因为有距离，所以不用猜忌人心隔着肚皮，不必担心利益纷争……

古人说：“君子之交淡如水，小人之交甘如醴。”在孩子少年的时候，或许还很难理解这句话的真正含义，总是疑惑，为什么君子之间就不亲亲密密，朝夕相处呢？但等他们经历了一些世事后，就都逐渐地明白了，友情，其实是一朵脆弱的花，过多的亲密会让它窒息而死，或者说更像一幅绝美的油画，若隔得太近去看，也不过是一堆斑驳杂乱的色彩而已。

家长应该告诉孩子，好的朋友，如同事业上的阳光，生活中的雨露，会使一个人的人生更加美好，事业更加有成。正如爱因斯坦所说：“人世间最美好的东西，莫过于有几个正直的朋友。”

但是，现代人多数都特别注意捍卫自己的隐私权，所以家长要告诫孩子不要轻易侵入别人的这个“领地”，除非对方自己主动说起，否则，即使是再好的朋友，也不要随便地打探、询问对方的私事。如果是朋友主动说起，那也要注意替对方保密。过多地了解朋友，则很容易介入对方的生活中，这样很容易让朋友心生厌烦。尤其是不要对朋友的家人或其他朋友发表过多的评论，在不了解事情的是非曲直的情况下，干脆不要开口，保持沉默要比口无遮拦地说错话好得多。

要想拥有友谊，并且长久地拥有却也并非易事。很多青少年都是怀着一腔热情，希望能与朋友亲密无间，以示自己的忠贞友情，一旦遇到情投意合的好朋友，就恨不得同吃同住，永远在一起。然而结果却总是事与愿违，长时间近距离的接触，难免磕磕碰碰，产生摩擦、产生口角，最终反倒使友情不纯不真，甚至黯淡破裂了。

其实，这就是因为孩子不懂得朋友交往的原则：关系再亲密也要保持一定的距离。在与人相处、与朋友交往时，家长一定要让孩子懂得适当地保持朋友间的距离，这样才能为双方留出足够的安全与独立空间。

朝夕相处、形影不离，开始时固然能感觉到亲密甚至甜蜜，但天长日久则难免会因互相妨碍而心生厌烦。孔子曾说：“临之以庄，则敬。”意思是说，朋友之间不要过分亲近，要互相保持一定的距离，这样才可以获得对方的尊敬。

距离是维持朋友关系最重要、最微妙的空间，有距离才有美感，也才能保持友谊的长久。遗憾的是很多孩子并不懂得这个道理，不善于调整距离，往往导致与朋友交往时失礼失控，这便犯了交友的大忌。

朋友之间贵在相交如水，在于轻松自如。一旦浓到了化不开的地步，关系就容易变得紧张、易碎，充满了窒息感，甚至有一种被侵略的感觉。有人戏说：“车与车太近，准出车祸；人与人太近，准出矛盾；铁轨接头之间也要留有间隙，才能应对热胀冷缩的变化。”

话糙理不糙，朋友间适当的距离不仅是必要的，而且是必需的，只有有了距离的友谊，才有可能天长地久。有些孩子因为人生阅历不够丰富的缘故，还不能理解友情的真实含义，总是担心距离会让朋友之间生疏，感情淡漠，怕因此而失去一段美好的友情。而事实上，距离并不会成为情感的隔阂。友情有友情的距离，不在乎太远，再远的友情也有办法传递互相的思念，只是不需要太近，太近了反而容易损坏这娇嫩的友谊之花。

家长应该告诉孩子不要过多了解别人的隐私和过多介入别人的生活，这样做于人于己都是负担。无论多要好的朋友，都不应占用对方太多的时间，不要经常性地无事拜访或经常做不速之客，更不应过多介入对方的家事。

在人来人往、聚散分离的人生旅途中，每个人都有各自不同的经历和背景，想完全了解一个人是难的，也是不必要的。况且，若真的要了解一个人，反倒是保持在适当的距离更可以把对方看得清楚，又何必一定要卿卿我我，左右不离呢？

第 9 章
强大的内心需要强健的体魄

“健全的心灵寓于健康的身体。”这句格言可追溯到罗马时代，而且历久弥新，到今天仍然适用。健康是可以经营的，而主宰者就是自己。拥有健康不代表拥有一切，但失去健康就会失去一切。在强大孩子内心世界的时候，关注孩子的健康，让孩子的体魄跟着强壮起来吧！否则，男孩内心也会因为身体的羸弱而柔弱。

关注孩子的身体健康

俄罗斯有句关于健康的谚语："一切好事都是'0'，唯独健康是'1'。"所以大家都更珍惜自己的"1"，并在此基础上争取更多的"0"。而大多数青少年朋友往往自恃青春年少，十分容易忽略自己的健康。父母应该及时告诉孩子，人照顾自己身体50年，它也会照顾你50年；如果折磨它50年，那么它也会折磨你50年。如果将健康当成一个户头，总是透支，不做投资，那么总有一天会破产。

齐齐从小就是学校的运动健将，在他的字典里根本没有"生病"两个字，就连最普通的感冒，他也没有得过一次。

齐齐自打升入高中，便迷上了网络游戏，但繁重的学业并没有给他提供过多的玩游戏时间，所以齐齐就发挥了"挤"的精神，就是把自己的睡眠时间挪出来玩游戏。齐齐想，我既不逃学旷课，又没有不按时完成作业，那么我总可以任意支配自己的休息时间吧。

起初，齐齐只是拿出晚上2个小时的睡眠时间来玩游戏，身体还算勉强吃得消。后来，齐齐为了让自己的游戏积分增加得快一点，就把2小时变为了4小时，而且有时候还通宵不睡。而齐齐的父母采取放松式管理，只是强调了不能耽误功课，就没有过多地干涉齐齐的自由时间。

一天，学校要举行一场篮球比赛，运动健将齐齐当之无愧位列首发阵容，但原本在篮球场上所向披靡的齐齐，那天却不在状态中，连连失误。原来，前一天晚上齐齐一夜没睡，整个晚上都泡在游戏中。所以，在比赛时，齐齐一点精神也没有，和平时判若两人。在下半场快要结束的时候，齐齐突然两眼一黑，"砰"的一声晕倒在了赛场上。

家长应该时刻督促孩子经营和管理好自己的健康。毛泽东从学生时代开始就非常重视锻炼身体，并且坚持了一辈子，给世人树立了榜样。

毛泽东在 12 岁的时候得了一场大病，体会到身体的重要，后来在湖南第一师范学习时，他特别重视锻炼身体，经常参加各种体育锻炼，并且把锻炼身体与磨炼意志结合起来。

第一师范校门口有一口水井。毛主席的老师杨昌济天天坚持在这里进行冷水浴，毛泽东也跟着效仿。每天，天刚蒙蒙亮，毛泽东就起床穿一条短裤来到井旁，他一桶一桶地把水吊上来，从头浇到脚，冲洗全身，然后用毛巾擦干，擦了又淋，淋了再擦，直至擦得浑身通红为止，即使在寒冷的冬天也坚持。

新中国成立后，他年岁大了，洗澡时还用温水，不用热水。他对人说："一个经常注意锻炼身体的人，便不会为风雪的寒威所吓倒。我练习过冷水浴，现在年纪虽然大了，冬天也还可以不用热水洗澡，小小的寒冻也还经得住。锻炼的确是重要的事情。”

现在的孩子都是家里的小皇帝，父母含在口里怕化了，捧在手里怕掉了，父母宠孩子已经超过了溺爱的程度，绝对舍不得让孩子吃一点苦、遭一点罪，更不用说让孩子经受锻炼的考验了，能够每天督促孩子跑步的家长，已经是不错的了。

如果想让孩子成为一名出色的人，就一定要督促孩子注意健康。父母要让孩子知道，许多人不是死于疾病，而是死于无知，现代文明病不是因为物质生活提高造成的，而是因为健康知识缺乏而产生的。

注意保护孩子的视力

周雨凡是玩电脑游戏的高手，在一群玩游戏的同学圈子里面，雨凡可是有头有脸的人物。

不过，雨凡为了这个“高手”的称号，各科成绩像红灯笼一样高高挂起。上学期在班里面还是名列前十，现在变成倒数了。为了这件事，雨凡没少挨爸爸的打。看着爸爸失望的表情，雨凡很难过，心里面暗自下决心要把学习赶上去。自此，雨凡暂且“隐退”江湖，再也没有上网玩游戏了。

爸爸看到雨凡的转变，很欣慰。不过，爸爸也不是固执的人，他许诺，只要雨凡把学习搞好了，放假是可以玩游戏的。雨凡欣喜若狂，发誓一定要把学习成绩赶上去。从此，班里面来得最早的是雨凡，走得最晚的也是雨凡。

经过几个月的刻苦学习，雨凡在期末考试中终于重新回到了前十名的位置。爸爸没有爽约，作为奖励，还给雨凡专门买了一台电脑。于是，我们的“高手”在归隐江湖数月后，再次回到了游戏的“战斗”中，而且整日整夜地泡在网上。

近半个月来，雨凡越来越感到眼睛酸涩难受，有时还有胀痛的感觉。

老是流眼泪，有时候连头都有点晕。雨凡不得不暂时停止了网络的拼杀，到医院去检查。

医生说，这是整天与电脑打交道，用眼疲劳所致。医生告诉雨凡，视力疲劳可不能小视，眼睛长期处于紧张状态得不到调节的话，不仅会导致视力下降，甚至会引起结膜炎、青光眼、近视眼，还容易使人过早形成白内障。雨凡的这种视力疲劳的情况也有青春期的关系，处于青春期的青少年如果不注意用眼卫生的话，很容易导致视力疲劳，进而造成视力下降。

眼睛是“心灵的窗户”，但是如果在它前面加上一副眼镜，给“心灵的窗户”安装上玻璃，可就是妨碍一辈子健康的大事了。

青少年时期的孩子，自制力和对健康的意识都不足，家长要时刻督促孩子缓解眼睛疲劳。最佳方式是让眼睛休息，给眼睛一个“短休”、一个“长休”、一个“长假”，让眼睛好好地休息一下，才能让眼睛为孩子的未来更好地服务。

短休是指闭目按摩。孩子使用电脑时一定十分专注，眨眼频率由正常的每五六秒钟眨眼一次，降到每十几秒甚至二十几秒一次。让孩子每天特意眨眼 300 次，有助于清洁眼睛，并给眼睛小小的按摩。闭眼休息几分钟，也可以缓解眼睛疲劳。

长休是指每隔 1 小时就要休息 5~10 分钟，尽量远眺放松。每 2~3 小时连续使用电脑后，应将眼睛移开电脑 10 ～ 15 分钟，让眼睛适当放松，或用双手轻轻按揉眼眶周围，让双眼得到充分的调节和休息。同时，由于人在看近物时，眼睛是向内、向下看的，所以在休息时，尽量让眼睛向左上方和右上方看。

长假是指每年的两个假期，长达两个月的寒暑假是一年中养眼护眼的最好时机。最好的也是最简单的方法就是尽可能多地离开电脑和电视，多走进大自然，登高望远，浸润绿色，使眼睛在身心放松的同时得到彻底的放松。家长平时也要多为孩子补充维生素 A、维生素 D，多吃胡萝卜、水果、海产品等。

注意保持孩子的身体机能健康

某调查机构随机抽取了北京、上海、广州、武汉四个城市城区的1883名中学生和大学生，以问卷形式进行调查。结果显示：轻度、中度、重度节食的学生分别总人数的71.2%、26.1%、0.4%。女生中，大学生节食率显著高于初中生和高中生；男生中，初中生节食率显著高于大学生和高中生。

瞿然是学校舞蹈队的成员，修长的身段，娇好的面容，大家给他取了一个外号“白天鹅”。瞿然的苗条身材可不是这么容易保持的，为了不让自己发胖，他严格控制自己的饮食，不顾父母的劝告甚至是哀求，平时从来不吃一点肉，连最喜欢的零食都忍住不吃。

瞿然每餐吃得很少，有时甚至不吃。瞿然身高163厘米，体重只有42公斤，拿妈妈的话来说，一阵大一点的风都可以把他吹走。但瞿然还是依然故我，每天都在节食。只要哪天称体重的时候发现自己长肉了，就会很懊恼，在以后的几天里只以水果、蔬菜果腹。

这样长期下来，瞿然的健康完全垮掉了，每天都是一副无精打采的样子，连上楼都会气喘吁吁，坐着看书学习不长时间就觉得很累。另外，他病态似的对脂肪有一种恐惧感，不仅食欲大大减退，甚至对食物产生了厌恶。

更严重的是，瞿然开始对身体形象产生扭曲的幻觉，明明是瘦得不能再瘦的身材，可是他还觉得自己比过去胖了。无论妈妈怎么劝说，他都不肯吃饭，当然也没有什么胃口吃饭，每每端起饭碗，他便有种想吐的感觉。直嚷着恶心，吃不下去。

最近几天，瞿然已经到了粒米不沾的地步。这天，瞿然在上学途中突然昏倒，当大家把他送到医院的时候，医生诊断出，他已经严重脱水，而且患上了神经性厌食症，再这样下去的话，会危及生命！“白天鹅”就这样变成了一只奄奄一息的“病天鹅”。

有很多孩子和瞿然一样，明明很瘦了，还是拼命减肥，力图让自己变成 把骨头才肯善罢甘休。但是，这样的减肥方法非常不健康，它会直接导致青春期厌食症。

家长应该及时告诉孩子青春期厌食症对健康的危害。这种厌食不是疾病引起的，也不是平常所说的“食欲不好”，而是由于精神因素所致，属神经性厌食范畴。有的孩子总认为自己太胖，必须限制饮食，或认为越瘦越美——欣赏并追求苗条的身材，因而对食物产生了厌烦情绪，甚至见了食物就呕吐，以致体重急剧下降。轻者消瘦、营养不良、闭经、抵抗力下降；重者全身功能紊乱、心动加速、卧床不起，需要送医院治疗。如果体重下降到生病前的 35%～40%时，心肌发生变化，可能会突然死亡。

由于这种厌食症的病因是精神因素，所以最好的办法还是预防。家长应该指导孩子树立正确的健美观，在健康的前提下追求美，就不会发生这种妨碍健康的事情。

家长必须保证孩子在青春发育中得到营养的保证，消除影响生长发育中的各种有害因素。在各种影响因素中，最根本的是膳食营养。如节制饮食，孩子得不到充足的营养素，不仅影响体内各组织器官的发育，还影响各器官的功能。这必然会引起营养缺乏症的各种症状，如机体免疫力降低、体力下降、智力发育障碍等。

过分节食还会引起体内新陈代谢失调，导致严重疾病甚至造成死亡。家长应该在孩子有节食倾向的时候，很郑重地向孩子指出，节食可以引起恶性循环，还可引起食欲减退，胃液等消化液的分泌减少，消化液减少后更增加节食的欲望，使进食越来越少，甚至对食物产生厌恶感，直至食欲消退。

因此，对有节食倾向的孩子，父母要采取综合措施，进行合理的饮食指导，迅速改变孩子的节食习惯。矫正节食、治疗神经性厌食症，是复杂而需要耐心细致的家庭工作，不能对孩子采取强制措施，而要循序渐进。首先要使孩子尽快恢复正常的信心，以及对美的正确理解，以免造成不可挽回的严重后果。

家长要告诉孩子，正确的减肥办法是合理控制饮食，少吃高能量的食物，如肥肉、糖果和油炸食品等，同时应增加体力活动，使能量的摄入和消耗达到平衡，这样便可以保持适宜的体重了。处于生长发育期的青少年一定要意识到，任何人都有其追求美丽的不同概念，但请注意营养和健康！

注重孩子的膳食搭配

向岚今年已经 16 岁了，可是模样还是和初一学生一般，个头不高，人也是长得瘦瘦小小的，常常会被一些低年级的学生唤为“小妹妹”。向岚心里面可不是滋味了，可是又有什么办法？拿好朋友凌子的话来说，就是“谁叫你长得和小孩子一样？”

向岚的父母个头都很高，可不知道为什么自己唯一的宝贝女儿就是长不高。向岚和好朋友凌子走在一起时，就像一个大姐姐领着一个小妹妹，凌子还给向岚取了一个昵称“拇指姑娘”。

向岚是个很挑食的孩子，妈妈常常做了一大桌美味可口的饭菜在她面前，可是她连筷子都不动一下，这个不想吃，那个没胃口，吃一顿饭就像喝中药一样“痛苦”。爸爸老说，向岚的饭量比家里的小猫还小。

向岚还有一个不好的习惯，就是从来不吃早点，尽管知道不吃早餐会影响整天的学习效率，但是每天早上起床就是一点吃东西的欲望都没有。

其实，造成向岚这种尴尬局面的原因有一半是因为她的饮食习惯不好，还有一半由于她的父母没有科学地给孩子增加营养。

中小学生正处在生长发育的关键阶段。女孩 8~11 岁、男孩 10~14 岁

开始进入青春期，其身高、体重等生长发育速度突然加快，约持续1~2年，这是人体生长发育的第二个高峰，对能量和各种营养素的需求增多。

在青春发育期中，人体50%的体重、15%的身高在此时获得，体内脂肪开始积累，骨骼增长加速，上下肢比躯干长得快，肩宽和骨盆宽开始增大，从少年体态开始转变为青年、成年人体态。营养不良的少年青春发育期会推迟1~2年。

向岚的问题就是由于平时的膳食不均衡，身体没有汲取足够的营养，从而导致生长发育缓慢。青春期开始的早晚，生长发育的速度和持续时间受遗传和环境因素尤其是营养状况的影响，个体差异较大。高中学生正处于快速生长发育期，膳食中某些营养素，如蛋白质、铁、钙、锌、碘摄入不足的现象在某些地区时有发生，其他营养素的不足也会在特定条件下发生。

因此，家长应该注意孩子日常饮食应多样化，以提供充足、全面、均衡的营养，保证孩子身体发育所需。平时的饮食应多吃谷类食物，供给充足的能量。青少年对能量的需要高于成人，且男性高于女性，每日约需10040~11720千焦耳（2400~2800千卡）。

其次，家长要保证孩子鱼、肉、蛋、奶、豆类和蔬菜、水果的摄入。

青春发育期对蛋白质需要尤为突出，每日达 80 克 ~90 克，其中优质蛋白质应占 40% ~ 50%，所以膳食中应有足够的动物性食物和大豆类食物，维生素 A、维生素 D、维生素 C、B 族维生素及钙、磷、锌、铁等矿物质。这对青少年的体力及脑力发育具有重要的作用，尤其钙的摄入，所以膳食中不可缺少奶及奶类食品。

青少年自身也应该避免暴饮暴食、偏食挑食及盲目节食，少吃零食，养成良好的饮食卫生习惯。对于孩子来说，生理发育特点要求食入脂肪不能过少，每天能量供给的 25% ~ 30% 应该来自于脂肪，其中动物性脂肪和植物性脂肪的比例为 1 ：2 最好。有益健康的零食有牛奶、酸奶等奶制品，各种新鲜蔬菜和水果及花生、核桃等坚果类食品。此外，吃零食的量不要过多，也不要影响正餐。

家长也要养成孩子吃早餐的良好习惯。还要告诫孩子，必要时课间加一杯牛奶或豆浆。营养充足的早餐不仅保证青少年身体的正常发育，对学习效率的提高也起到不容忽视的作用。

在学习紧张时期，营养和饮食安排更应该重点照顾。人体处于紧张状态下，一些营养素如蛋白质、维生素 A 和维生素 C 的消耗会增加。家长要注意多为孩子提供鱼、瘦肉、肝、牛奶、豆制品等食物。

总之，为了让孩子获得长身体的充足营养，一定要吃好吃饱，食谱应注意多样化，注意食物的色、香、味、形和营养搭配，多种食物混合吃，以达到食物的互补作用，使孩子的身体获得各种必需的营养素。

保证孩子睡眠时间的充足

据调查数据显示，我国的中学生平均睡眠在6~8小时。对于中学生来说，这个睡眠时间是不够的，而且睡眠质量也有可能无法保证。

陈力是个乖巧可爱的高一学生，可是最近，陈力的大眼睛总是略显无神，特别苦恼的是还有很重的黑眼圈。原来，他最近晚上老睡不着觉，导致每天上课时就没精打采的，特别难受。眼睛也像大熊猫一样了。

陈力的失眠是从上两个星期开始的，为了备战进入高中以来的首阶段的考试，他开始在晚上“秉烛夜读”，可是自从连续地熬夜看书复习后，接下来的好多天，都是陈力的不眠夜，无论使用什么方法都无法入睡。

陈力使用比较多的催自己入睡的方法是数绵羊。他就这样从一只绵羊、两只、三只……数下去，结果呢？陈力居然可以数到7千多只，但还是毫无睡意。

数绵羊的方法不管用，陈力就使用同学传授的“高招”——看索然无味的小说“催眠”自己。他找来满是文言文的古体小说作为睡前读物，可是这一招仍然不管用。陈力还是一如既往地捧着书睁眼到天明。

如此这样度过了很多个不眠夜，陈力的大眼睛已经凹了下去，脸色蜡黄，学习成绩也是直线下降。这可急坏了陈力的妈妈，妈妈试着给陈力开了一点安神催眠的药物，可陈力服用过后睡眠也只是稍有改善。

晚上没睡好，自然白天在课堂上睡觉了。过去上课时，陈力是课堂上最积极发言的学生之一，可是现在，陈力就像只贪睡的小猫似的，老是打瞌睡。陈力看着原来满是好评的作业本，现在留在上面最多的就是刺眼的红叉，禁不住“呜呜”地哭了。

充足的睡眠可以消除疲劳，恢复体力和精力。可是，对于青春期的孩子而言，长期保证充足的睡眠可能会遇到不少来自外界和自身的困难。“为什么晚上上床后老也睡不着？”这是许多失眠同学的苦恼。

与成年人不同，青春期少男少女的入睡困难有其特定的原因。进入青春期后，身体发生急剧的变化，体内原有的生物节律被打乱了，可能会在一段时间内，晚上躺在床上翻来覆去睡不着。

这时，如果家长能问问孩子的感受，及时地安慰一下孩子，大部分情况是能使孩子很快入睡的。不必担心失眠会伴孩子终生，常常是等到身体的生物节律恢复平衡，失眠就会自动消逝了。

有时，入睡困难是由孩子自己“不慎”造成的。比如，可能在上床前曾绞尽脑汁地做功课，或读恐怖、言情小说，或看令人激动的电视节目，这样，极度兴奋的大脑很难在短时间内平静下来，使得入睡困难。

另外，如果在傍晚已经睡过一段时间，也可能会一时无法入睡，以至于影响整夜睡眠。为了保证睡眠质量，家长需要监督孩子停止上述容易使大脑兴奋的活动。同时，要孩子在睡前做些准备活动，目的是使兴奋的大脑逐渐地平静下来，有助于安然入睡。比如洗脸、刷牙或用热水烫烫脚，整理一下第二天上学要带的东西等。

不少孩子一旦发现自己失眠了，心情异常紧张，结果是越担心就越睡不着，越睡不着就越担心，形成一种恶性循环。其实，孩子对失眠的恐惧往往比失眠本身更影响睡眠，因为恐惧不仅使大脑无法放松，而且久而久之使失眠固化下来，形成一种习惯。

当孩子难以入睡的时候，千万不要指望安眠药。家长需要指导孩子做些事情使大脑放松。比如，让孩子想象自己置身于蔚蓝色的大海上，或者让孩子做几次深呼吸，然后放慢呼吸，逐渐把两次呼吸变为一次深长的呼吸，并且只专注于自己的呼吸。或者紧握双拳，紧勾双脚，然后迅速放松，如此数次，放松全身的肌肉，大脑也会随之放松。大脑放松了，就会自然而然地睡着了。

除此之外，改善睡眠环境也是非常重要的。屋子较凉而床很温暖容易使人入睡，为此，家长最好保持室内空气流通。另外，还要保持卧室安静和较暗的光线。清洁、上轻下重的被褥、高低适中的枕头、宽松的睡衣睡裤都有助于孩子放松，更容易入睡。

培养孩子热爱运动的习惯

“文明其精神，野蛮其体魄”，这是伟人毛泽东经常引用的名言。歌德说：“生命在于矛盾，在于运动。”但是后来又有人提出质疑：乌龟几乎不运动，寿命却那样长，成为长寿的象征；而一些运动员经常激烈甚至超量运动，结果浑身伤病，寿命也不长。其实，这种理解仅仅是从养生之道、寿命长短的角度去思考的，歌德所指的生命并不是说生命的长短，它的意义更在于生命的活力、激情和发展。

运动是否真能延年益寿，还要看运动的方式方法是否得当，是否能和饮食、情绪等其他方面合理搭配。延年益寿是多方面共同作用的结果。而若要激发出生命的活力，生活得更激情、更神采飞扬，则完全可以通过运动来达到。合理的、适当的、有规律的运动可以给人带来很多好处。

青少年正在成长阶段，适当的体育运动可以促进身体的发育，增强心脏与肺的功能，还能消耗脂肪、保持健康体重，并拥有一个健美的身材。此外，这个时期也是我们骨骼发育的主要时期，合理的运动可以使我们的关节更为灵活，并预防骨质疏松。

培根说：“肉体上各种的病患都有适当的运动能治疗。”从身体的角度讲，运动确实能为孩子带来大大小小数不清的好处，它可以全面提高孩子的机体机能，延缓器官老化，并且可以增强心脏、血管、神经、消化、肌肉、骨骼等系统功能，最终达到强身健体之功效。

规律性体育运动还可以让孩子头脑更加清醒，思维更加敏捷。人们总用“四肢发达，头脑简单”来形容一些人身体强壮头脑却不灵活，也常常认为搞体育运动的脑子都不够聪明。其实这是一种偏见，家长更不应该有类似的想法。

体育运动对孩子头脑的发育也有着很大的作用。通过身体的运动，可以带动呼吸系统功能，使呼吸系统功能得到很好的改善和提高，而运动过程中所产生的“调息”作用，主要是为了使激烈的身体运动不断地得到新鲜氧气的供给，同时不断排出体内的二氧化碳，这就保证了大脑所消耗的能量得到及时的补充。

运动锻炼可以改善孩子大脑的供血状况，对消除脑力疲劳，促进头脑清醒起到重要作用。因此，罗曼·罗兰说：“运动的好处除了强身之外，更是使一个人精神保持清新的最佳途径。”

家长可以指导孩子进行散步、跑步、打拳、骑自行车、爬山、爬楼梯、游泳、跳绳、跳舞、扭秧歌、打球、韵律操等运动。在众多运动中，应该让孩子遵循以下几个原则：一是自己喜爱的运动；二是适合自己年龄和体力的运动；三是方便且能定时做的运动。

这些运动方式可以促进孩子的行为协调、反应适度。行为协调能让孩子的行为是一贯的、统一的，反应适度能让孩子既不异常敏感，也不异常迟钝，刺激的强度与反应的强度之间有着相对稳定的关系。

但是，运动也不是随意的，需要注意一些细节问题。首先，家长应该指导孩子在运动之前进行适当的热身，绝对不要让孩子一开始就投入剧烈的运动中去，而是要逐渐预热，慢慢进入运动状态。若是天气寒冷，就有必要让孩子多穿一些衣服，并延长预热时间。

预热可以采用一些柔韧拉伸的活动，一般 10 分钟左右即可。这样可以让血液充氧，并将能量物质输送至全身。

其次，正确的训练不仅指身体每个部位训练方式的正确性，而且包括安排每个练习前后顺序的合理性、正确性。所以，当孩子练完胸部之后，紧接下来练肩部将是最佳选择，而不是去练小腿。

另外，当孩子感觉到“我不行了”“不能再练了”的时候，就要及时停下来。训练中的超负荷和过度训练是性质迥然不同的两个概念，虽然它们在训练中相差甚微，但造成的结果却是完全相反的。所以，家长应该指导孩子知道什么时候应该停下来。

最后，在进行剧烈运动之后，不要让孩子马上进入静止状态，而是要像刚开始运动的时候一样，慢慢地让身体冷静下来。这个时候，也不要马上喝水，过一段时间后再补充水分才是正确的。

让孩子远离香烟

吸烟危害人体健康已经被人们所公认。尽管吸烟的危害性在人们的头脑中已经有了明确的地位，可是吸烟的瘾君子却不见减少，更为令人忧虑的是，很多青少年也加入了这支庞大的烟民队伍。

吸烟对人体有害是不言而喻的，烟草中含有数百种复杂的化学成分，大部分对人体有害，其中焦油、尼古丁、酚类、醇类、酸类、醛类都是有毒和有致癌作用的物质，吸烟容易得咽炎、气管炎、肺气肿、肺癌和冠心病。

一些烟民们常常自诩道：“饭后一支烟，赛过活神仙。”这句话是大错特错的，因为饭后吸烟，可使胃肠蠕动功能加强，血液循环加快，饭后吸一支烟，它的危害比平时吸十支烟还大。

吸烟行为在我国青少年中十分常见，而且有上升趋势。据估计，我国高中学生和初中学生中的男生吸烟率分别为68%和54%。

青少年吸烟的危害比成年人要大。因为青少年正处在身体迅速成长发育的阶段，身体的各器官还没有发育成熟，比较稚嫩和敏感，抵抗力不强，而且对各种有毒物质的吸收比成年人要容易，所以中毒更深。青少年吸烟还可能导致早衰、早亡以及影响下一代的发育。另外，少女吸烟还会引起月经紊乱和痛经。

但是，由于青少年处在一个心智和自制力半成熟的过渡时期，往往容易被香烟诱惑，认为吸烟很“酷”，也愿意模仿着成年人吸烟。家长和老师应该及时向孩子说明香烟给身体带来的危害，教会孩子如何爱护自己。

青少年正处在生长发育时期，各生理系统、器官都尚未成熟，其对外界环境的有害因素的抵抗力较弱，易于吸收毒物，损害身体的正常生长。青少年吸烟成瘾，可能引起思维过程的严重退化和智力功能的损伤，严重的会导致思维中断和记忆障碍。吸烟对青少年的智力、个性、心理品质、学业等都有危害。

孩子也许会想当然地认为：“很多人吸烟多年，并没有中毒。”家长应该将吸烟的危害向孩了说清楚，以免他们陷入误区。其实烟对人体的危害是缓慢的。许多调查表明：吸烟者比不吸烟者死于肺癌的危险大 10~15 倍，引发冠心病的机会大 3.6 倍，冠心病者的死亡率吸烟者比不吸烟者高 5 倍。

另外，吸烟还是引发肺癌的重要因素。上海市有关专家的一份报告称，有 80%~90%的男性肺癌病人与吸烟有关。国外有关报告说，吸烟的数量和肺癌的发病有剂量间的关系。也就是说，吸烟越多，吸烟的时间越长，肺癌的发病率越高。每日吸烟 40 支的肺癌病人死亡率比不吸烟的肺癌病人高 30 倍。每天吸烟 20 支、持续吸烟 20 年的人群中，肺癌的发病率比不吸烟的肺癌病人高 20 倍。

一些本来不吸烟的青少年，在交往应酬中学会了吸烟，使有些人吸烟成癖，对烟草产生了不可摆脱的依赖性。还有一些人说吸烟能提神，能启发思维，能消愁解闷，其实这都是对吸烟的误解。吸烟有暂时的兴奋作用，但十分短暂，主要是麻醉作用。启发思维是因为思考问题时，吸一支烟用

10分钟左右，烟吸完了，也思考出了合理的方法，便误认为是吸烟的作用。一些人不吸烟，独坐静思或室内踱步，同样可以茅塞顿开。

孩子可能会把同龄人中形成的风气作为自己抽烟的借口。家长既要重视这个理由，也要帮助孩子认识到，他们要为自己的行为负责。家长要告诉孩子，如果他继续抽烟，你会感到非常痛苦和失望，这比同他谈论吸烟对健康的危害也许更为有效。

此外，家长应该做出好的榜样。如果你抽烟，那就得抛开你自己对烟的感情，并明确指出你不希望孩子抽烟。无论何时候干涉，都不嫌太早或太迟。那些初次抽烟或已有好几年烟龄的孩子都能在成人帮助下戒烟。禁止孩子吸烟不仅是一个卫生问题，而且是一个社会问题，不单家长应该重视，学校和社会均不可掉以轻心。

教给孩子紧急救护方法

所谓“天有不测风云”，意外随时有可能发生。孩子年龄小，又好动，属于容易发生意外的人群。所以，家庭教育中不可缺少的课程就是——紧急救护。

据不完全统计，我国每年大约有 400 多万起事故发生，其中，有很大一部分是运动伤害。但又有统计数字表明，这些事故发生的人群中，只有超过 16% 的人接受过基本的急救培训。如何有效地在第一时间采取急救措施，减轻和延缓伤情，为进一步治疗争取时间，是紧急救护的重点所在。无论在室内运动或户外运动中，孩子都应该学会几种常见伤害的应付法。

首先了解一些常识：

120 救护车紧急救护的对象是哪些？（1）因灾害或意外事故急待救护者。（2）昏倒、伤病无法行动者。（3）孕妇待产者。（4）其他紧急伤病需紧急就医者。

十大常见运动损失的紧急救护办法：

1. 扭伤和红肿

出现关节扭伤和红肿，应该用冰块敷在伤处，可从冰箱的冷冻室内就

地取材，取出冰块，用布包裹，轻按伤处。然后送医院照 X 光以作进一步诊断。切忌直接将冰块敷在伤处，以防冻伤。

2. 流血

不慎擦伤、或者被尖锐物刺伤、割伤时，第一个要记住的是：避免交叉感染。所以不要让手指碰到伤处，也不要用水冲洗。找一块干净的布条先行包扎，然后去医院做创口清洁处理。

3. 眼部有异物

可用生理盐水由鼻侧向外侧冲洗，以免冲出来的异物进入另一只眼睛。若异物刺入眼球中，一定要由医师移除，不可随意拔除。

4. 打掉牙齿

脸部受到重击，或磕到下巴，都有可能打掉牙齿。这在打篮球或踢足球时都有可能碰到。这时有条件的话，应在去医院的路上，将落下的牙齿浸在牛奶里。因为牛奶的 pH 值呈中性，可保护牙齿，并防止牙齿变干。如果没有牛奶的话，不要自己清洁落齿。也不要用手捏着牙齿根部，以尽量使牙齿保活。

5. 中暑

将患者移到阴凉通风处，脱掉衣服，并使患者躺下。迅速降低体温，可以微湿的毛巾擦拭全身，再用风扇吹，以加强散热。

6. 蜂蜇

野外行走或露营时，如果被蜜蜂蜇伤，不要用手指拔刺，因为刺的一端含有蜜蜂的唾液。正确的方式是用一张信用卡、一个棉花棒或者一根牙签将刺刮出，然后用药膏敷在患处。

7. 被昆虫咬伤

用水和肥皂清洗伤口。用冷敷以减少肿胀，不可直接冰敷。

8. 烧伤

皮肤烧伤使得皮下组织暴露在外，特别容易造成感染。这时首先应该用冷水或冰啤酒将伤处冷却，然后剪一段保鲜膜贴在伤口，因为保鲜膜事先已经消毒。然后再送医院做进一步治疗。

9. 骨折

一旦发生骨折或错位，首先应将受伤的肢体静止、平放以避免伤势恶化。将一本杂志卷起，用橡皮筋或皮带将其固定在伤处，注意不要将绳结正对伤口。

10. 溺水

快速清除口鼻中的污垢、呕吐物等，迅速撕开衣服，确定其是否有意识，检查鼻子和颈部大血管搏动，观察有无呼吸和心跳，同时大声呼救，并让别人去叫救护车。